Lernlust statt Erziehungsfrust

Peter Struck

Lernlust statt Erziehungsfrust

So fördern Sie Ihr Kind

Eichborn.

Gewidmet
Marina Galka

und den vielen Eltern,
die mit der Frage leben,
ob sie mit der Erziehung
alles richtig gemacht haben.

Die Deutsche Bibliothek – CIP-Einheitsaufnahme

Struck, Peter:
Lernlust statt Erziehungsfrust : so fördern Sie Ihr Kind / Peter Struck. –
Frankfurt am Main : Eichborn, 2001
ISBN 3-8218-1693-7

Umschlaggestaltung: Irma Schick
Lektorat: Waltraud Berz
Gesamtproduktion: Fuldaer Verlagsagentur, Fulda
ISBN 3-8218-1693-7

Verlagsverzeichnis schickt gern:
Eichborn Verlag, Kaiserstraße 66, D-60329 Frankfurt/Main
www.eichborn.de

»Nur das Kind denkt wirklich kreativ.«

Jean Piaget

»Kinder haben Anspruch auf den Schutz und die Fürsorge, die für ihr Wohlergehen notwendig sind. Sie können ihre Meinung frei äußern. Ihre Meinung wird in den Angelegenheiten, die sie betreffen, in einer ihrem Alter und ihrem Reifegrad entsprechenden Weise berücksichtigt.«

Artikel 24, Absatz 1,
der Charta der Europäischen Union

»Die Kinder müssen auswählen, was sie in ihr Hirn aufnehmen wollen, und das sind Dinge, die sie entweder interessieren, die also Spaß machen, oder die keine Arbeit und Anstrengung bedeuten. Anders speichern sie nicht mehr, selbst wenn es noch so simpel ist.«

Peter Volker Dorn, Hamburger Lehrer

Inhalt

Vorwort

Erziehung in hoch autoritären oder gar totalitären Gesellschaften ist relativ leicht; es gibt nur ein von oben verordnetes Erziehungsmodell für alle Kinder. Und wenn eine Gesellschaft sich nur langsam wandelt, kann man sein Kind so erziehen, wie man selbst einmal erzogen wurde. Wir hatten in der Vergangenheit fast immer hoch autoritäre oder totalitäre Gesellschaftssysteme, und wir hatten in der Regel sich nur langsam wandelnde Gesellschaftsstrukturen.

Heute ist alles anders: Die Gesellschaft ist schnelllebig, und sie ist demokratisch konzipiert. Nach mehr als 50 Jahren mit einem Wertevielfalt und Meinungs- sowie Entscheidungsfreiheit propagierenden Grundgesetz stellt sich Erziehung inzwischen als äußerst schwierig dar. Es funktioniert nicht mehr, seine Kinder so zu erziehen, wie man selbst erzogen wurde, und es führt zu Verhaltensproblemen bei Kindern, wenn man Werte von oben herab bloß verordnet, wenn man jungen Menschen einfach Grenzen setzt und Forderungen stellt, ohne ihre Zustimmung einzuholen.

»Früher war alles besser« und »Mir hat doch ein Schlag ins Gesicht auch nicht geschadet« sind zwar immer noch häufig zu vernehmende Aussagen, sie helfen aber in Sachen Erziehung und Bildung keineswegs mehr weiter. Um das Kind herum hat sich fast alles so geändert, dass »alter Wein in neuen Schläuchen« schon längst nicht mehr genießbar ist. Der Blick zurück kann uns unsere aktuellen Erziehungsfragen nicht mehr beantworten.

Erziehung in der heutigen Zeit kann nur gelingen, wenn wir dreierlei beachten:

> Kein Kind gleicht dem anderen, und deshalb brauchen wir für jeden der elf Millionen Schüler in Deutschland eine individuell andere erzieherische Lösung, also eigentlich auch eine jeweils andere Schulform.

> Wir müssen uns um die Zustimmung des jungen Menschen zu unseren Forderungen und Grenzsetzungen bemühen, ihn also überzeugen von dem, was wir erwarten, fordern oder verbieten.

> Wir müssen schon dem kleinen Kind dabei helfen, sich entscheiden, wehren, behaupten und durchsetzen zu können. Es kann sonst nicht angemessen auf ein Problem zugehen und weicht deshalb möglicherweise in Gewalt, Sucht oder Krankheit, also in Verhaltensschwierigkeiten bzw. -störungen aus.

Wir dürfen Kinder heute nicht mehr als Untertanen, als Befehlsempfänger zu

»funktionierenden Rädchen im Getriebe« erziehen und ausbilden wollen, weil sie dann als gestörte Wesen unmündig, also unselbstständig bleiben und unter die Räder einer freiheitlichen Ellenbogengesellschaft voll sich »aufrichtender Ichs« geraten, wie die Anthroposophen sagen.

Eltern haben meistenteils erkannt, dass Erziehung heutzutage ein schwieriges Geschäft geworden ist; sie sind aber gleichzeitig mehrheitlich hilflos, wenn es um das Herausfordern der kindlichen Kräfte, um das Grenzensetzen und um die erzieherische Begleitung des jungen Menschen geht. Ein Indiz dafür ist, dass allein in Deutschland pro Jahr etwa 1,5 Milliarden Mark für Erziehungsliteratur ausgegeben werden.

Die Art des Verhältnisses von Eltern zu ihren Kindern lässt sich heute grob in die folgenden vier Kategorien einteilen:

> Etwa 15 Prozent der deutschen Kinder gelten als störende Kinder, die von ihren Eltern entweder nicht gewünscht wurden oder die sich im Nachhinein als nicht in den Lebenszusammenhang passend herausstellen.

> Etwa 15 Prozent der deutschen Eltern verplanen ihr Kind mit Überfürsorge und Überforderungen in Bezug auf eine ungewisse Zukunft, weil sie es hinsichtlich Karriere und Sozialprestige allzu gut meinen; aber gleichzeitig richten sie nicht selten Verheerendes dabei an.

> Etwa 60 Prozent der deutschen Eltern sind bemüht, es mit der Erziehung richtig zu machen; aber sie fühlen sich dennoch hilflos. Zwar sind sie offen für Ratschläge, verschlingen Erziehungsratgeber, besuchen die schulischen Elternabende, gehen zu Erziehungsberatungsstellen, aber sie machen dennoch viele Erziehungsfehler.

> Etwa zehn Prozent der deutschen Eltern machen es mit der Erziehung mehr oder weniger richtig; sie haben eine Lösung im Umgang mit ihrem Kind gefunden, die sowohl seinen Grundbedürfnissen Rechnung trägt, die zeitgemäß ist, als auch zu einem Optimum an Erziehungs-, Bildungs- und Lebenserfolg führt. Das lässt sich jedoch immer erst im Rückblick feststellen, wenn der junge Mensch mit 19 Jahren einigermaßen gelungen ist und zuvor »pflegeleicht« war.

Angemessenes Fordern hat etwas mit angemessenen Grenzsetzungen zu tun. Grenzen müssen aber in jeder Entwicklungsstufe des jungen Menschen anders gesetzt werden, damit sich seine Kräfte richtig entwickeln. Kinder darf man weder unter- noch überfordern, aber man muss sie fordern und fördern, damit sie stark und leistungsstark werden.

Dieses Buch will Eltern helfen, mit Forderungen richtig umzugehen und einen angemessenen Weg zwischen Leistungserwartungen und Gehenlassen, zwischen unverzichtbarem Anstrengungsaufwand und Muße finden zu können. Es will zum Verständnis von jungen Menschen beitragen, und es will die Notwendigkeit aufzeigen, dass Kinder und Jugendliche mit Mühe, mit Arbeit, mit ihren Taten, mit Trends, mit ihren Zukunftsoptionen und mit ihrer Freizeitgestaltung konfrontiert werden müssen, damit wir später stolz auf sie sein können.

Jedem Kapitel sind einige Leitthesen vorangestellt, die als Leseimpulse, aber auch als Bilanzierungen empfunden werden können.

Gelegentliche Wiederholungen sind unvermeidlich, damit jedes der einzelnen Kapitel eine innere Stimmigkeit erhält.

Wenn von Schülern, Erziehern und Lehrern gesprochen wird, sind selbstverständlich auch Schülerinnen, Erzieherinnen und Lehrerinnen gemeint. In diesem Buch sollen das geschlechtsneutrale Funktionsbegriffe sein, die dem Leser zeitraubende Umständlichkeiten ersparen. Gerechtfertigt erscheint mir ein solches Vorgehen mittlerweile schon deshalb, weil Schülerinnen heute durchweg erfolgreicher als Schüler sind und weil Erzieherinnen und Lehrerinnen in der Regel sinnvoller erziehen, als viele Erzieher und Lehrer das tun.

Hamburg, im Sommer 2001 — Peter Struck

Einleitung: Zur aktuellen Diskussion um Erziehung, Bildung und Leistung

Vereinfacht ausgedrückt könnte man sagen, dass Erziehung sich um die Persönlichkeitsentwicklung des jungen Menschen bemüht, dass Bildung etwas mit der Summe von Erziehung und Lernen zu tun hat und dass die Leistung das ist, was dabei herauskommt.

Erziehung ist eigentlich kein Begriff, der zu unserer demokratischen Gesellschaft passt, aber er hat den Vorteil, dass alle Menschen in etwa ahnen, was damit gemeint ist. Erziehen kann man eigentlich nur Kinder, Jugendliche und Heranwachsende, also Menschen bis ungefähr zum 21. Lebensjahr, danach geht es mehr um das Lernen. Der Erziehungsbegriff erinnert ein wenig an Dressur, die ja Abrichtung ohne Zustimmung aufgrund von Überzeugung meint. Die Antipädagogen um Hubertus von Schoenebeck korrigieren das Unzeitgemäße des Erziehungsbegriffes deshalb mit ihrem Motto »Beziehung ist besser als Erziehung«. Denn wer eine gute Beziehung zu einem jungen Menschen hat, erzieht ihn eigentlich wie von selbst.

Wir unterscheiden die funktionale von der intentionalen Erziehung und sagen, dass die funktionale Erziehung sich ungewollt bzw. ungeplant ereignet. Sie geschieht durch gesellschaftliche, nachbarschaftliche, mediale und jugendkulturelle Einflüsse, also über den Umgang des jungen Menschen, über Bildschirmeinwirkungen, über sein Milieu und infolge von Trends mitsamt ihren Sogwirkungen, die zum Teil durch Werbung initiiert werden.

Die intentionale Erziehung ist hingegen die absichtsvolle, Effekte planende Erziehung, wie sie von Eltern durchgeführt oder von Lehrern organisiert wird.

Funktionale und intentionale Erziehung zusammen ergänzen die Erbgutbestimmung des Kindes, wobei die Mehrheit der Wissenschaftler inzwischen davon ausgeht, dass etwa die Hälfte der menschlichen Persönlichkeit von den Genen entschieden wird. Die andere Hälfte, so die Experten, sei einflussabhängig, also erziehungsbedingt, und zwar in der Weise, dass sich etwa 70 Prozent der erbgutunabhängigen persönlichkeitsbestimmenden Einflüsse in dem Zeitraum von neun Monate vor der Geburt bis ungefähr zum Ende des dritten Lebensjahrs ereignen, dass weitere 20 Prozent bis etwa zum elften Lebensjahr hinzukommen, und dass nach dem elften Lebensjahr noch zu etwa zehn Prozent erzieherische Einflussmöglichkeiten auf die Persönlichkeitsbildung im engeren Sinne bleiben.

Wohlgemerkt: Lernen lässt sich auch noch danach eine ganze Menge, aber es funktioniert umso besser, je jünger der Mensch ist. Und schockierende Lebensereignisse können auch im Erwachsenenalter noch persönlichkeitsbildend sein.

Eltern haben mit den 50 Prozent Einflussmöglichkeiten auf die Persönlichkeitsbildung ihres Kindes ein Erziehungsrecht und eine Erziehungspflicht. Aber ihre Hilflosigkeit angesichts dieser Aufgabe richtet dabei oft Schäden an, so dass beispielsweise in den USA diskutiert wird, ob man für das schwierige Erziehungsgeschäft so etwas wie einen »Elternführerschein« verlangen sollte.

Das vergangene Jahrhundert wurde von der schwedischen Pädagogin Ellen Key als »Jahrhundert des Kindes« apostrophiert. Das gerade begonnene neue Jahrhundert müsste eigentlich »Elternschaft lernen« zum Leitmotiv erhalten, weil die Familie im klassischen Sinne zerfällt, Kinder aber nach wie vor geboren werden und dann auch Erziehung brauchen. Kinder haben ein Familienbedürfnis, und sie benötigen Eltern, weil sie keine »Nestflüchter«, sondern »Nesthocker« sind. Wenn Familie zerfällt, muss also Familienähnliches für sie gestaltet werden; d.h., wenn für viele Kinder ein Vater in ihrem Leben nicht mehr vorkommt, dann muss liebevolle Väterlichkeit für sie organisiert werden; wenn sie als Einzelkinder keine Geschwister haben, müssen sie Geschwisterlichkeit auf andere Weise – im Kindergarten, in der Schule, im Urlaub, im Sportverein oder in der Nachbarschaft – erleben können; und wenn ihre Mutter allein erziehend, gestresst oder erzieherisch hilflos ist, dann brauchen sie dennoch die Kompetenz einer Elternschaft, die von anderen Menschen repräsentiert werden kann.

Die Schule von heute steckt in einem besonders gravierenden Dilemma: Sie basiert auf dem Fundament einer inzwischen nahezu überkommenen Arbeitsteilung, die etwa so aussah, dass die Familie für die Erziehung zuständig war und die Schule für Bildung – wobei auch die Familie Bildungsanteile übernahm, indem sie dem Kind Bücher schenkte, ihm vorlas, Hausmusik initiierte und für seine gute Manieren und seine gewählte Sprache sorgte, und die Schule Erziehungsanteile hatte, wenn es um Fleiß, Ordnung und Betragen sowie um religiöse oder politische Erziehung ging.

Aber in dem Maße, wie immer mehr kaum erzogene Kinder von ihren hilflosen oder unwilligen Eltern in die Schule geschickt werden, stehen die Lehrer zunehmend vor der Frage, ob sie auch mehr erzieherische Funktionen, die früher bei der Familie lagen, mit zu übernehmen haben, damit sie ihren Bildungsauftrag überhaupt halbwegs erfüllen können. Die kompensatorische, also die ausgleichende Erziehung der Vorschule, die familienergänzende Erziehung der Grundschule, die leibliche Versorgungsfunktion mit Schulfrühstück, pädagogischem Mittagstisch und psychomotorischem Extraturnen, die Sucht- und Gewaltprävention, das Soziale Lernen, der Sexualkundeunterricht und die Einrichtung von Elternstammtischen, bei denen Lehrer mit Vätern und Müttern über Taschengeld, Hausaufgaben, Fernsehkonsum, Zimmeraufräumen und Pünktlichkeit sprechen, sind Maßnahmen, in deren Rahmen an vielen deutschen Schulen ehemals familiäre Erziehungsaufgaben wahrgenommen werden. Sie dienen auch dazu, dass Lehrer ihre eigentliche Aufgabenstellung durchführen können und nicht mit dem »Burn-out-Syndrom« in die Frühpensionierung flüchten müssen, damit die Kinder überhaupt noch etwas in der Schule lernen und damit die Schule nicht wegen Schülermangels geschlossen wird.

Dass Schule vor allem einen Bildungsauftrag hat, wird auch in alle Zukunft hinein unbestritten bleiben, aber über Detailfragen der Umsetzung gibt es sofort Streit:

> Muss ein gebildeter Mensch wissen, was Shakespeare geschrieben hat?
> Muss ein gebildeter Mensch wissen, wie die Hauptstadt von Burkina Faso heißt?
> Muss man heute noch den Sinussatz in der Schule lernen?
> Wie viele Fremdsprachen muss ein Europäer beherrschen, und muss er auch das Latinum haben?
> Ist man gebildet, wenn man 37 mal 43 im Kopf ausrechnen kann, oder genügt es, das richtige Ergebnis schriftlich oder gar mit dem Taschenrechner zu ermitteln?

Ist Wissen immer noch die alleinige Macht? Oder zeichnet einen gebildeten Menschen heute eine Kombination aus Wissen und Erkundungs-, Handlungs- sowie Konfliktfähigkeit aus? Vielleicht ist man heute optimal gebildet, wenn man im Sinne einer fundierten Allgemeinbildung weiß, wie die Hauptstadt von Norwegen heißt, und wenn man zugleich in der Lage ist, rasch herauszufinden, welches die Hauptstadt der Faröer Inseln ist. Denn die sofort zu kennen, ist vielleicht nicht ganz so wichtig, wie die Fähigkeit zu besitzen, sich schnell wichtige Informationen, die man ansonsten nur null- bis einmal pro Leben benötigt, zu beschaffen.

Kinder können ausgesprochen gebildet sein, auch wenn die Schule ihnen das nicht bescheinigt. Mittlerweile lernen sie nämlich außerhalb der Schule mehr als in der Schule, wenn auch mit dem feinen Unterschied, dass dies in der Schule absichtsvoll vonstatten geht, während sie außerhalb ungeordnet und viel Unnützes und auch Schädliches lernen. Und umgekehrt: Einiges von dem, was sie außerhalb der Schule lernen, ist sehr nützlich, während sie in der Schule zwar geplant, aber dennoch eine ganze Menge Unnützes lernen. So entdeckt man gerade jetzt einen neuen Leistungsbereich bei jungen Menschen, nämlich die elektronische Kompetenz – eQ abgekürzt –, die vor allem außerschulisch und insbesondere von Schulabbrechern oder späteren Schulabbrechern autodidaktisch entwickelt wird.

Die Inhalte von Bildung haben sich also gewandelt, und damit folgerichtig auch der Bildungsbegriff. Wenn wir heute den Übergang von der bisherigen bloßen Wissensgesellschaft zur künftigen Wissens- und Informationsgesellschaft beschreiben oder auch nur herbeireden wollen, dann meinen wir mit Bildung heute nicht mehr länger nur Shakespeare, Goethe, Mozart, Altgriechisch und Latein, sondern dass ein moderner Bildungsbegriff auch die Fähigkeiten zu Selbstständigkeit, Integration, Teamarbeit, Kreativität, Erkundungs-, Handlungs-, Kritik- und Konfliktfähigkeit, Flexibilität, Toleranz und zum vernetzenden Denken umfassen muss. Sich selbst Informationen beschaffen zu können ist eben nicht mehr weniger wichtig, als über Informationen bereits zu verfügen, weil ohnehin niemand mehr alles wissen kann. Denn das Wissen, das unserer Gesellschaft zur Verfügung steht, hat sich explosionsartig vermehrt und wird auch weiterhin rasant anwachsen.

Bildung hat also nicht nur etwas mit Fordern, mit Herausfordern der Kräfte des jungen Menschen zu tun, sie impliziert auch den Mut zur Lücke und das Lassenkönnen im Sinne von Seinlassen, Überlassen und Gehenlassen. Es kann also ein Mensch durchaus gebildet sein, wenn er nichts von Shakespeare, aber schon etwas von Siegfried Lenz gelesen hat, wenn er keinen Latein-, sondern stattdessen Chinesischunterricht in der Schule hatte, wenn er nicht weiß, wo die Äußeren Hebriden liegen, aber komplizierte Computerprogramme schreiben kann.

Die Summe von genetischen Prädispositionen und von erzieherischem sowie bildendem Aufwand von Familien oder Familienersatz, von Nachbarschaft oder von Kindergarten und Schule, von Medien und von Einflüssen der Gleichaltrigkeit sowie von anderen Bezugspersonen und Institutionen, seien sie nun absichtsvoll oder bloß zufällig wirkend, machen den jungen Menschen stark oder schwach leistungsfähig. Sie machen ihn zum Gewinner oder auch zum Verlierer, sie sorgen für gesellschaftlich erwünschte oder auch für allgemein unerwünschte Erfolge, sie führen zu Leistungsprofilen, aber auch zu Teilleistungsschwächen.

Wir fordern junge Menschen zu Leistungen heraus, oder wir blockieren ihre Leistungsfähigkeit; wir schaffen es, dass sie sich mit einem stimmigen Weltbild gut im Heute und im Morgen zurechtfinden können, oder es gelingt uns infolge von Unter- oder Überforderungen nicht. Kinder wollen herausgefordert, aber nicht unterfordert oder überfordert werden. Sie sind geborene Lerner und wollen ihre Kräfte entwickeln, sie wollen gelegentlich bis an ihre Grenze und auch darüber hinaus gehen, um sich selbst in ihren Möglichkeiten kennen und verstehen zu lernen, sie wollen sich in ihren eigenen Grenzen und an denen der Gesellschaft und der Natur spiegeln.

Ohne Leistungsfähigkeit und tatsächlich erzielte Leistungen ist kein Fortschritt zu erzielen; aber auch das gelegentliche Versagen ist eine wichtige Voraussetzung für spätere Leistungsfähigkeit. Kinder lernen mehr noch als Erwachsene über Umwege. Das Fehlermachen ist eine gute Voraussetzung für Erfolge. Insofern dürfen wir Fehler nicht immer nur bestrafen, wir müssen uns über Fehlermachen auch freuen, weil es Lernen und damit Leistungsfähigkeit begünstigt.

In einer Welt, in der die Möglichkeiten zur Erwerbsarbeit geringer werden, erkennen immer mehr junge Menschen, dass sie früh aus den Startlöchern kommen müssen, wenn sie einen erwünschten Beruf, einen erhofften Lebensstandard, Gesundheit und Wohlbehagen erreichen wollen. Leistung spielt heute eine weitaus größere Rolle als noch vor 30 Jahren, und auch die Leistungsbereitschaft hat auf den Nährböden des angeborenen Bedürfnisses nach Kräfteentwicklung im Kind und einer Wettbewerbskultur in unserer Zeit zugenommen.

Weil Eltern das spüren, wollen sie ihre Kinder zunehmend früher fördern und später zunehmend fordernd begleiten. Und weil Politiker das ebenfalls mitbekommen, setzen sie die Schulen immer häufiger Leistungsvergleichsmessungen aus: TIMS, PISA und LAU heißen die Programme, mit denen Gymnasien mit Gesamtschulen und Realschulen verglichen werden, mit denen Schulen und Schulstufen der 16 Bundesländer gegeneinander vermessen werden, mit denen die Mitgliedsländer der Europäischen Union oder der OECD und die Schul- und Schülerleistungen weltweit in Rangordnungen gebracht werden.

Ob solche Leistungsvergleiche immer sinnvoll sind und gerecht ausgewertet werden, soll in den folgenden Kapiteln ebenso erörtert werden wie die Frage, ob Eltern mit ihren Leistungserwartungen stets richtig liegen. Vor allem aber geht es darum, aus dem komplexen Bündel von Erziehung, Bildung, Leistungserwartungen, Forderungen, Grenzsetzungen und Fördermaßnahmen das Richtige für sein Kind herauszufiltern.

Wann ist Erziehung optimal?

- *Das Kind gelingt, wenn seine angeborenen Grundbedürfnisse nach Liebe, Zeit, Ansprache, Zuhören, Bewegung, Spiel, Nähe, Emotionalität, Körperkontakt, Ernährung, Weltbildaufbau, Familieneinbettung und Kräfteherausforderung in der sinnvollen mittleren Dosierung angesprochen werden.*
- *Erziehung in der Demokratie bedeutet dreierlei: Wir müssen anerkennen, dass Kinder höchst verschieden sind, dass sie unseren Forderungen und Grenzsetzungen zustimmen können sollten und dass wir ihnen helfen müssen, sich selbst angemessen entscheiden, wehren, behaupten und durchsetzen zu können.*
- *Jungen können nicht mit den Mädchen Schritt halten, wenn sie mit alten Erziehungsweisen in eine neue Zeit geführt werden sollen.*

Die Erziehung des Kindes beginnt offensichtlich schon vor seiner Geburt: Wissenschaftler haben herausgefunden, dass bereits Embryonen etwas lernen können. Werden sie einem deutlichen Reiz ausgesetzt, reagieren sie; wird dieser Reiz nach 24 Stunden wiederholt, reagieren sie, wenn sie »intelligent« sind, in der Hälfte der Zeit im Vergleich zu ihrer Reaktion einen Tag zuvor. Nicht so »intelligente« Kinder zeigen zwar auch eine verkürzte Reaktionszeit, aber sie ist länger als bei den Kindern, die sich später als sehr intelligent erweisen.

Erziehung geschieht nicht voraussetzungslos, sie steht im Zusammenhang mit dem Lebenswandel der Mutter, mit ihrem Wohlbefinden, mit ihrer Einstellung zum Kind und mit ihrem Bezugspersonengefüge. Bei bejahten Schwangerschaften nimmt das Leben des Kindes also einen anderen Verlauf, als wenn es unerwünscht ist; wenn die Mutter schlecht mit sich selbst umgeht, gerät das Kind anders, als wenn sie gut zu sich ist; und entscheidend für die Entwicklung des Kindes ist auch, ob die Mutter allein erziehend ist oder nicht, ob es Geschwister und Großeltern gibt oder nicht, ob die Grundbedürfnisse des Kindes nach Liebe, Zeit, Ansprache, Zuhören, Bewegung, Spiel, Nähe, Körperkontakt, stimmiger Ernährung, Weltbildorientierung und Kräfteherausforderung über- oder unterdosiert angesprochen oder in der sinnvollen Mitte dosiert befriedigt werden.

Zu diesen Grundbedürfnissen gehört auch das Familienbedürfnis. Darunter ist zu verstehen, dass das Kind die nicht wörtlich gemeinten Bedürfnisse nach Mütterlichkeit (auf die leibliche Versorgung bezogen), Väterlichkeit (in die weite Welt und in die Zukunft hinausführend), Großmütterlichkeit (für Sitten, Bräuche, Wertetradierung zuständig), Großväterlichkeit (Lebenserfahrung, Taktik und Weisheit), Geschwisterlichkeit und Freundschaft (Gleichaltrigkeit) immer erfüllt haben möchte. Mütterlich kann dabei natürlich auch Papa, väterlich auch

Mama, großväterlich auch Oma, freundschaftlich auch der Bruder und geschwisterlich auch die Freundin sein. Kann jedoch die allein erziehende Mutter eines Einzelkindes, deren Großeltern weitab wohnen, sämtliche dieser Bezugspersonenbedürfnisse über sich allein repräsentieren? Möglicherweise gelingt ihr das, aber die Chance ist gering.

2,3 Millionen der 15,6 Millionen deutschen Kinder sind Scheidungskinder; eine Durchschnittsehe in Europa dauert laut Statistischem Amt der Europäischen Union in Luxemburg nur noch vier Jahre; bei vielen Kinder kommt die Ehe ihrer leiblichen Eltern überhaupt nie zustande; immer mehr Kinder kennen ihre Großeltern nicht, und immer mehr Kinder sind Einzelkinder.

Für Mädchen ist diese Form von Familienzerfall, wenn er nicht gut aufgefangen werden kann, schon schlimm genug, aber für Jungen erweist sich der Bezugspersonenmangel, verknüpft mit alten Erziehungsweisen, als noch verheerender. Erkennbar ist dies beispielsweise an ihrer größeren Ängstlichkeit, sie weinen eher, länger, lauter und häufiger, sie werden rascher und zahlreicher aggressiv, sie bleiben in der Schule öfter sitzen, sie bekommen im Schnitt schlechtere Noten, und sie erreichen nicht so oft den Schulabschluss wie die Mädchen.

Das hat laut wissenschaftlicher Erkenntnis etwas mit ihrem anderen Hirnaufbau zu tun. Jungen haben eine schwache Brücke zwischen linker und rechter Hirnhälfte, Mädchen eine starke. In der linken Hirnhälfte sitzen das Logische, das Rationale, das Vernünftige, das Zahlenverständnis, das Raumvorstellungsvermögen und die technischen Anteile von Sprache (Wortschatz und Grammatik); in der rechten Hirnhälfte haben das Emotionale, das Musische, das Kreative, das Soziale und das Kommunikative ihren Ort. Wenn Kinder nur linkshirnig angesprochen werden (durch Moralpredigten zu Hause und durch Belehren in der Schule) und zugleich ihre rechte Hirnhälfte wegen der geringeren Zuwendung mit Emotionalität, Nähe, Körperkontakt, Ansprache und sozialen Aufgaben zu wenig herausgefordert wird, dann finden sie in sich keine Ausgleichsmöglichkeit und sie lassen ihre Frustration in Form von Aggressionen heraus. Mädchen hingegen können zur Not immer in sich einen Ausgleich finden, so dass sie nicht aggressiv reagieren müssen. Wenn dies jedoch nicht funktioniert, verfallen sie oft auf Aggressionen gegen sich selbst: Regression (also Rückzug in Vereinzelung oder in Depressionen), Autoaggressionen (Gewalt gegen den eigenen Körper) oder Autodestruktionen sind die Folge; Magersucht, Esssucht, Bulimie, Selbstverletzungen oder auch der Einstieg in Drogen gehören dazu.

Wenn Jungen nur mit weiblichem Betreuungs- und Erziehungspersonal aufwachsen, entwickeln sie sich oft defizitär, weil sie auf der Suche nach ihrer Geschlechtsrolle mit einem Mangel an liebevoller Väterlichkeit leben mussten und häufig zugleich ein Übermaß von brutaler Männlichkeit via Bildschirm und Jugendbanden in ihrer Nachbarschaft repräsentiert bekamen.

Erziehung kann im Rahmen einer heute zunehmend geforderten Jungenpädagogik also nur optimal geraten, wenn wir die Männer im Erziehungsgeschäft, also die Väter, Erzieher, Lehrer und Trainer dazu ermuntern, wieder mehr Mut zu Nähe, Emotionalität und Körperkontakt zu zeigen, wenn wir Eltern klar machen können, dass gerade auch kleine Jungen reichlich soziale und kommunikative Herausforderungen benötigen (z.B. Hilfeleistungen im Haushalt, Sich-Kümmern um jüngere Geschwister, viel Ansprache auch durch Mama, die bislang rein statistisch gesehen mit ihren Töchtern mehr spricht als mit ihren Söhnen), und wenn wir es über entsprechend engagierte Lehrer schaffen, die bisherige Belehrungsschule, die primär auf die Entwicklung der linken Hirnhälfte zielt, zu einer auch die rechte Hirnhälfte herausfordernden Lernwerkstatt zu wandeln.

Das Münchener Sozialforschungsinstitut Gewis hat festgestellt, dass Scheidungskinder im Alter von acht bis 14 Jahren häufiger unter größeren Ängsten leiden als Kinder, die noch beide Elternteile haben, und dass die betroffenen Jungen ängstlicher sind als die betroffenen Mädchen. Andererseits setzen sich freche Jungen im Kindergarten und in der Schule besser durch als zurückhaltende, weil kleine freche Jungen von Erwachsenen als niedlicher und von Gleichaltrigen als männlicher empfunden werden. Wenn die frechen Jungen dann jedoch erwachsen sind, haben sie deutlich weniger berufliche und soziale Chancen als die vormals zurückhaltenden, weil brutale Männlichkeit im Erwachsenenalter, von wenigen Ausnahmen abgesehen, keine gesellschaftliche Wertschätzung erfährt.

Bis zum Alter von etwa elf Jahren brauchen Jungen jedenfalls deutlich mehr Emotionalität, Kommunikation und soziales Lernen als Mädchen; danach gibt es diesbezüglich keine geschlechtsspezifischen Unterschiede mehr, abgesehen davon, dass die Jungen dann oftmals schon so »geschädigt« sind, dass sie den Vorsprung der Mädchen kaum noch aufholen können.

Bedenkt man, dass die Babylaute weltweit überall gleich sind, dass erst nach der Geburt das Spezifische der Muttersprache auch die Muskelkoordination im Mund prägt und dass die geistige Entwicklung vor allem durch Sprache und Schrift herausgefordert wird, dass Jungen aber später mit dem Sprechen als Mädchen beginnen, dann wird die Startbenachteiligung der Jungen bei sämtlichen Erziehungs- und Bildungsprozessen offenbar. Solange Jungen noch bessere Schul- und Karrierechancen als Mädchen hatten, fiel das kaum auf; aber mit der neuen Chancengerechtigkeit in Bezug auf Lernen und Schullaufbahn müssen Jungen schon früh besonders stark kreativ, musisch, emotional, sozial und kommunikativ herausgefordert werden, damit nicht Tony Blairs Prognose »Die jungen Männer werden das Hauptproblem der britischen Gesellschaft am Beginn des neuen Jahrhunderts sein, weil vor allem sie von Hooliganismus, Kriminalität, Arbeitslosigkeit, Alkoholismus, Einsamkeit und Krankheit bedroht sind« sich auch in Deutschland umfassend bewahrheitet.

Denn in den Schulen deuten sich die Jungenprobleme auch jetzt schon bei uns an: 3,2 Prozent aller Jungen bleiben nach Aussagen des Statistischen Bundesamtes in Wiesbaden sitzen, aber nur 2,3 Prozent aller Mädchen, Jungen brauchen öfter Nachhilfeunterricht als Mädchen, sie werden mit 50 Prozent höherer Wahrscheinlichkeit Rückläufer von Gymnasium zur Realschule und von der Realschule zur Hauptschule, und sie haben mittlerweile geringere Aussichten auf einen erwünschten Ausbildungsplatz als Mädchen. Überdies schwänzen sie häufiger die Schule als ihre Klassenkameradinnen.

Laut einer Studie der Fachhochschule Braunschweig-Wolfenbüttel mit dem Titel »Manns-Bilder« haben übrigens Frauen, also vor allem Mütter, Kindergärtnerinnen und Lehrerinnen, eine deutliche Mitschuld an den Verhaltensstörungen der Jungen, weil sie diese eher und mehr, als ihnen gut tut, in eine männliche Rolle geradezu hineindrängen; sie müssen als Macho funktionieren, obwohl sie noch so gern weich sein möchten. Oft genug hat das fatale Folgen: Vier- bis sechsjährige Jungen stottern viermal so oft wie Mädchen, sind dreimal so oft Bettnässer, haben dreimal so häufig Suizidgedanken und sind zehnmal so oft sowohl auf der Täter- als auch auf der Opferseite in Gewaltkonflikte und in Mobbing verstrickt als Mädchen. Deshalb brauchen wir wohl künftig eine Quotenregelung beim Personal von Kindergärten und Grundschulen, damit kleine Jungen mehr liebevolle Väterlichkeit erfahren; deshalb sollten allein erziehende Mütter ihre Söhne auch mit Männern zusammenbringen; und deshalb müssen wir die Väter ermuntern, häufiger und mit mehr Spiel, Ansprache, Balgen, Toben und Schmusen für ihre Kinder da zu sein.

So wie die Art der Männlichkeitswerdung kleiner Jungen sehr stark von der Einstellung und den erzieherischen Verhaltensweisen ihrer Mutter abhängt, so haben auch oft die Eltern einen Anteil daran, wenn Geschwister sich nicht gut verstehen. Ein Forscherteam aus Arizona in den USA hat nämlich festgestellt, dass Geschwister umso harmonischer miteinander umgehen, je mehr die Eltern sich mit ihren Kindern beschäftigen. Ein strenger Erziehungsstil mit häufigem Strafen und ein autoritärer Umgangston, der nicht um die Zustimmung der Kinder zu Forderungen und Grenzsetzungen ringt, sondern bloß obrigkeitlich nach unten verordnet, beeinflusst das Verhältnis der Geschwister untereinander negativ. Leider versagen auch hierbei wieder vor allem die Väter: Während sie dazu neigen, Streitereien unter Geschwistern durch Anordnungen zu beenden, bevorzugen die Mütter eine argumentative Konfliktbewältigung. Wenn Eltern Kinder als Untertanen oder gar als Besitz behandeln, müssen sie sich jedenfalls auf deutlich schlechtere Erziehungsresultate gefasst machen, als wenn sie ihre Rolle vor allem als die von Lebensbegleitern und -beratern verstehen.

Fassen wir also zusammen: Erziehung gelingt gut, wenn Kinder in ihrer Eigentümlichkeit bejaht werden, wenn sie um Überzeugung und Zustimmung gegenüber Normen und Werten bemüht ist, wenn den Kindern Verhaltensalternativen für kritische Situationen zur Verfügung gestellt werden, mit denen sie ange-

messen auf ein Problem zugehen können, so dass sie nicht in Gewalt, Sucht oder Krankheit ausweichen müssen, und wenn ihre körperlichen und seelischen Grundbedürfnisse auf sinnvolle Weise zufrieden gestellt werden. Familie muss dabei aber nicht »leiblich« sein; sie kann alle möglichen Bezugspersonen – und zwar auch ersatzweise – umfassen, wenn Mann oder auch Papa bzw. der Lehrer das nur irgendwie stimmig aus der Sicht des Kindes zu organisieren vermögen.

- *Bildung ist das Ergebnis von Anlagen, Erziehung und Lernen und zugleich Voraussetzung für Leistungen.*
- *Schulische Bildung sollte sich mehr denn je auf die gesamte Persönlichkeit des Schülers, also auf die Entwicklung der Pestalozzischen Trias »Kopf, Herz und Hand« richten.*
- *Bildung ist nicht nur Wissen; sie umfasst auch Schlüsselqualifikationen wie Teamfähigkeit, Informationskompetenz und die Fähigkeit zum vernetzenden Denken.*

Als Georg Picht 1964 die »deutsche Bildungskatastrophe« heraufdämmern sah, löste er eine »Bildungsoffensive« aus, in deren Rahmen kräftig in Schulen, Universitäten und Lehrerbildung investiert wurde. Heute wird wieder über einen Bildungsnotstand geklagt. Um dem abzuhelfen, haben die G8-Staaten unlängst einen Ausschuss »Bildung« geschaffen, und die 14 Staats- und Regierungschefs der Berliner Konferenz »Modernes Regieren im 21. Jahrhundert« haben den Mut gehabt, die Bildungspolitik zur »zentralen Frage« zu erklären. Das ist gerade hierzulande auch bitter nötig, denn der jüngste Bildungsbericht der 29 OECD-Staaten hat festgestellt, dass Deutschland für Schulen am allerwenigsten zahlt, nämlich nur 6,2 Prozent seiner öffentlichen Haushalte; OECD-Durchschnitt sind 9,5 Prozent, während Polen, Neuseeland, Südkorea, die Schweiz, Island, Norwegen und die USA mehr als zehn Prozent dafür ausgeben.

Doch was ist nun genau unter dem Begriff Bildung zu verstehen? Ist Bildung ein Gemisch aus Shakespeare, Goethe, Mozart, Rechenfertigkeit, Rechtschreibfähigkeit, Fremdsprachenkompetenz und Geschichtskenntnissen? Geht es bei Bildung darum zu wissen, wie die Hauptstadt des afrikanischen Staates Liberia heißt, wie der Satz des Pythagoras lautet und wie viele Chromosomen in einer menschlichen Eizelle sind? Oder geht es vielmehr um Allgemeinbildung im Sinne von »Er weiß von allem ein wenig und etwas darüber hinaus«? Daneben ist Bildung auch nicht identisch mit Allgemeinbildung, und dieser Begriff meint wiederum etwas anderes als Aus-, Fort- und Weiterbildung.

Fasst man die Politikermeinungen zusammen, dann ist ein Volk offenbar ungebildet, wenn es einen Mangel an Ingenieuren hat, dann scheint ein Abiturient ungebildet zu sein, wenn er zu wenig von Informatik versteht, und ein Hauptschüler, wenn er Orthographie und Dreisatzrechnung nicht ausreichend beherrscht und nicht weiß, wer gerade Bundespräsident ist.

Bereits 1974 hat Herwig Blankertz über den Bildungsbegriff geschrieben: »Es gibt keine Möglichkeit seiner gehaltvollen Definition.« Aber dennoch: Bildung hat etwas mit Wissen, mit Lernergebnissen, mit Fähigkeiten und mit Erziehung sowie Verhalten zu tun; ihre Gehalte wandeln sich, zumal in wertepluralen und schnelllebigen Gesellschaften. Wir können hier Bildung folgendermaßen definieren:

> Um Wissen muss es auch weiterhin gehen; nur sollte die belehrende schulische Wissensvermittlung zugunsten des Ausbaus der Fähigkeit, sich selbst Informationen zu beschaffen, verringert werden. Gebildet ist man nämlich, wenn man qualifiziert ist, also wenn man leistungsfähig und orientierungsstark in Bezug auf sein gesamtes gesellschaftliches und natürliches Umfeld ist. Das heißt, man muss etwas wissen und etwas können, man muss kommunikativ, emotional stark, sozialkompetent, kreativ und eins mit sich und der Außenwelt sein können, also eine annähernd ausgeglichene Bilanz des Innen- und Außenlebens haben.

> Zu den Fähigkeiten eines gebildeten Menschen muss heute gehören, dass er lesen, schreiben und rechnen kann, dass er über Computer- bzw. Informatikkompetenzen verfügt, dass er im Zuge der Globalisierung zwei Fremdsprachen beherrscht, dass er sich in Historie und Geographie auskennt und dass er über eine naturwissenschaftliche Grundausstattung verfügt. Des Weiteren, dass er konfliktfähig ist, Geschmack hat, über taktische Kompetenzen verfügt, dass er politisch gebildet und redegewandt ist sowie zuhören kann und dass er vernetzt zu denken vermag.

> Schließlich erkennt man gebildete Menschen auch daran, dass sie neugierig, selbstständig, teamfähig, hilfsbereit, höflich und flexibel sind und ihre Zukunft sowohl mit ihrer Gegenwart als auch mit ihrer Vergangenheit verknüpfen können.

Ein zeitgemäßer Bildungsgriff überwindet jedenfalls die bisherige Trennung von Bildung als Freiheit zu Urteil und Kritik und Ausbildung als Unterwerfung unter vorgegebene Lernverhältnisse mit der Aufstellung einer neuen Synthese, die allein zu einer Demokratie passt: Der gebildete Mensch ist kundig, mündig, kreativ und mobil, er kann sich aber auch anpassen.

Bildung ist also einerseits das Resultat von Anlage, Erziehung und Lernen, und andererseits mündet sie in Leistungsfähigkeit und tatsächlich erzielte Leistungen. Von Johann Heinrich Pestalozzi haben wir schon vor mehr als 200 Jahren gelernt, dass sie nicht nur etwas mit der Entwicklung des Kopfes zu tun hat, sondern dass es bei ihr um Einflüsse auf »Kopf, Herz und Hand« geht.

Dementsprechend haben sich im Oktober des Jahres 2000 die deutschen Kultusminister und die Lehrergewerkschaften endlich auf ein neues, längst überfälliges Leitbild für den Lehrerberuf verständigt: Angesichts des Wandels zur Informations- und Wissensgesellschaft, des zunehmenden Lernens über neue Medien und der aktuellen gesellschaftlichen Herausforderungen gegenüber Gewalt und Fremdenfeindlichkeit wird der schulische Bildungsauftrag erheblich um erzieherische Anteile erweitert. Und dafür müssen Lehrer enger und intensiver als bislang mit den Eltern kooperieren. In diesem Zusammenhang wird wieder auch vom »Berufsethos« des Lehrers gesprochen, dessen Bildungsauftrag die absichtsvolle erzieherische Einflussnahme auf die Persönlichkeitsentwicklung des jungen Menschen umfasst. Bildung meint also über die Schulung des Kopfes hinaus fortan den ganzen Schüler. Die Kultusminister wollen ab jetzt Lehrer als »Fachleute für das Lernen« sehen, die »ein Herz für Schüler« haben. Die rein fachwissenschaftliche Qualifizierung der Lehrer soll daher ab sofort um pädagogische Kompetenzen im engeren Sinne, um psychologisches Einfühlungsvermögen sowie um kommunikative und soziale Fähigkeiten angereichert werden, damit moderne Bildung gelingt, und auch, damit Lehrer positive Handlungsvorbilder für Kinder und Jugendliche zu sein vermögen.

Die Staats- und Regierungschefs der Europäischen Union haben Anfang 2000 in Lissabon beschlossen, ihre Länder zum »weltweit wettbewerbsfähigsten und dynamischsten wissensbasierten Wirtschaftsraum« weiterzuentwickeln. Gleichzeitig haben sie beklagt, dass die Lehrerschaft nicht gerade »die Speerspitze der Reformfreudigkeit« sei. Der Muff der 50er Jahre bestimme immer noch den Schulalltag und seine Bildungsstrategien, was man auch an der überkommenen Notengebung und an der Art und Weise, Zeugnisse zu gestalten, ablesen könne. »Credit Points« und individuelle Leistungsprofilbeschreibungen mit dem Kenntlichmachen des erreichten Grades von Schlüsselqualifikationen wie Selbstständigkeit, Teamfähigkeit, Erkundungs-, Handlungs- und Konfliktfähigkeit, Kreativität, Flexibilität, Toleranz und Fähigkeit zum vernetzenden Denken seien zeitgemäßer als so etwas wie Zensuren für einzelne Fächer, die die komplexe Lebenswirklichkeit völlig unproduktiv zerschneiden würden.

Aber selbst wenn der Konsens unter den politischen Führungsspitzen der EU herstellbar war, unter der deutschen Bevölkerung existiert er noch keineswegs. Die ideologisch polarisierte Bildungsdiskussion in unserem Lande blockiert immer noch die Weiterentwicklung zu modernen Erziehungs- und Bildungsweisen und damit auch die Wettbewerbsfähigkeit der Schulen und Hochschulen erheblich, so dass vor allem in die Bewusstseinsbildung der Öffentlichkeit, also in die der Eltern, Lehrer, Lehrerverbände und Politiker investiert werden muss.

- *Kinder sind geborene Lerner; erst über sehr viele Niederlagen werden sie zu Lernversagern.*
- *Alle Kinder wollen zunächst anderen Menschen gefallen; erst wenn ihnen das auf Dauer nicht gelingt, wollen sie wenigstens einigen wenigen Menschen gefallen können.*
- *Alle Kinder wollen, dass ihre Kräfte so herausgefordert werden, dass sie etwas leisten können; wenn ihnen das langfristig in gesellschaftlich erwünschten Leistungsbereichen nicht gelingt, sind sie gefährdet, auf gesellschaftlich unerwünschte Leistungsbereiche auszuweichen.*
- *Den Bildungsgrad eines Volkes kann man nicht etwa nur an der Zahl seiner Nobelpreisträger ablesen, sondern vor allem auch daran, welches Bildungsniveau die Leistungsschwachen erreichen.*
- *Schul- und Schülerleistungsvergleichsstudien kommen in der Regel zu falschen Resultaten, weil sie »Äpfel mit Birnen vergleichen«.*

Wir bezeichnen unsere heutige Gesellschaft manchmal etwas unernst als Spaßgesellschaft. Der ehemalige Präsident der Kultusministerkonferenz, der Bremer Bildungssenator Willi Lemke, fordert hingegen: »Leistung muss wieder im Mittelpunkt der Schule stehen, nicht der Spaß.« Schulleiter müssten deshalb nach Management- und Motivationsfähigkeiten ausgewählt, Lehrer nach Leistung bezahlt und Schüler zur Teamfähigkeit erzogen werden, sonst könne Deutschland im Bereich der Bildung nicht mehr mithalten. Der Vorsprung, den Deutschland noch in den 70er Jahren hatte, meint der ehemalige Manager des Bundesliga-Fußballvereins Werder Bremen, sei in der Bildung wie im Fußball dahin. Schule dürfe nicht »auf Teufel komm raus« nur Spaß bringen, und Schüler könnten nicht immer nur fordern, sie müssten auch geben, also bereit sein, gefordert zu werden. Lemke hält daher nationale und internationale Schulleistungsvergleiche für legitim und die Abschaffung des Beamtenstatus für Lehrer für geboten.

Nun, Leistungsvergleiche sind kaum möglich, weil man viel zu Verschiedenes miteinander vergleichen würde, und Spaß hindert keineswegs automatisch die Leistungsentwicklung der Schüler. Lernen kann man auch lustbetont; mit Humor und mit der Nutzung von Anlässen zum Lachen geht vieles besser, und die paradoxe Intervention, über die Schüler mit Absurdem humorvoll und stimulierend zugleich überzeugt werden, ist eines der wirkungsvollsten, leistungsförderndsten Instrumentarien einer erfolgreichen Verhaltensgestörtenpädagogik. Schließlich lernen Kinder beispielsweise das Skateboardfahren, Kickboardfahren und den Umgang mit Roller Blades sowie mit dem Computer erstaunlich gut über das Spaß- bzw. Lustbetonte.

Der Vorteil von nationalen und internationalen Leistungsvergleichen ist, dass Leistung auf diese Weise wieder eine höhere Bedeutung gewinnt; und das ist im Zuge eines gesteigerten Wettbewerbs im Rahmen der Globalisierung unumgänglich. »Konkurrenz belebt das Geschäft«, und deshalb tut man gut daran, Schüler, Lehrer, Schulen, Schulformen, Regionen, Länder, Staaten und Kontinente unter dem Gesichtspunkt der Qualifizierungsfunktion der Schule zu betrachten.

Das Schlechte an nationalen und internationalen Schulleistungsvergleichen ist jedoch, dass sie stets zu falschen Ergebnissen führen müssen, weil sie nur Teile aus dem Leistungsprofil messen, aber längst nicht alles, weil sie Überholtes nicht mit Neuem in Beziehung setzen, und weil sie so tun, als herrschten überall etwa gleiche Vorbedingungen für den Leistungs-Output:

> Russland schneidet bei der TIMS-Studie des Boston-Colleges in Bezug auf Mathematik-Leistungen bei Achtklässlern besser als Deutschland ab. Aber in Russland bekommen die Lehrer kein regelmäßiges Gehalt, und die Schulen sind schlecht ausgestattet und renovierungsbedürftig. Schüler im sibirischen Teil Russlands wachsen in einer reizarmen Umgebung mit geringem Medienfluss auf; außer einem dramatischen Sommer-Winter-Rhythmus ereignet sich dort nicht viel. Die Lehrer können mit der schlechten schulischen Ausstattung kaum mehr machen, als immer wieder das Kopfrechnen, Abschreiben, Vorlesen, Erzählen und Rechnen von Aufgaben durchzuexerzieren. Dass die Schüler dabei am Ende etwas schneller und etwas häufiger richtig rechnen können, verwundert nicht.

> Deutsche Schüler haben zwar auch Mathematikunterricht, aber sie haben darüber hinaus eine ganze Fülle von anderen Fächern, außerdem wachsen sie mit einer intensiven Reizüberflutung durch die Medien, die Einkaufsstraßen, die Werbung, den Urlaub und das Spielen auf, dass so etwas wie Mathematik dabei kaum noch nennenswert heraussticht. Sie haben überdies längst verstanden, dass es bei der Aufgabe 37,5 mal 43,4 mehr auf die Überschlagsrechnung, also auf die Schätzung des Ergebnisses ankommt, weil die genaue Ziffernfolge nach dem Komma auch der allgegenwärtige Taschenrechner liefert. Mathematikdidaktiker der Universität Dortmund fordern daher sogar, dem Schätzen der Ergebnisse und dem korrekten Umgang mit dem Taschenrechner künftig einen höheren Stellenwert einzuräumen als dem genauen Ausrechnen mit Papier, Füller und Kopf.

Genauso wenig, wie man russische mit deutschen Schülern wegen völlig anderer Lebensbedingungen vergleichen kann, darf man Gymnasiasten und Realschüler mit Gesamtschülern in ein Untersuchungsraster packen. Es sei denn, man vergleicht die Gesamtschüler mit dem Mittel der Summe aller Leistungen von Gymnasiasten, Realschülern und Hauptschülern, denn die Gesamtschule ist eine alle Regelschulen übergreifende Schulform, in der für das Gymnasium empfohlene Schüler deutlich unterrepräsentiert sind. Außerdem dürfte man nur diejenigen Gesamtschulen mit dem Leistungsmittel aus Gymnasiasten, Realschülern und Hauptschülern vergleichen, deren gymnasial-, realschul- und hauptschulempfohlene Schüler in den jeweiligen Anteilen der Aufteilung solcher Schüler auf die drei anderen Schulformen entsprechen. Bedauerlicherweise werden meist bei solchen ungerechtfertigten Leistungsvergleichen auch nur muttersprachliche, mathematische, fremdsprachliche, naturwissenschaftliche, geschichts- und politikunterrichtliche Leistungen miteinander verglichen, jedoch keineswegs soziale, emotionale und kommunikative sowie kreative Leistungen, in denen die Gesamtschüler durchweg besser abschneiden würden als die Schüler von Gymnasien, Realschulen und Hauptschulen.

Neben der weltweit unter sich ähnelnden Staaten durchgeführten TIMS-Studie des Boston-Colleges, bei der Deutschland nur einen unteren Mittelplatz einnimmt, existiert im Rahmen der OECD die sog. PISA-Studie (»Programme for International Student Assessment«), die bei 15-jährigen Schülern von 32 Staaten alle drei Jahre misst, was sie in den Bereichen Mathematik, Naturwissenschaften und Lesen an Leistungen erbringen. Im Jahr 2000 wurde auf diese Weise die Lesekompetenz an 1500 deutschen Schulen ermittelt, im Jahr 2003 wird es die mathematische Kompetenz sein und im Jahr 2006 die naturwissenschaftliche. Die abschließende weltweite Auswertung der PISA-Ergebnisse, deren deutscher Beitrag vom Max-Planck-Institut für Bildungsforschung in Berlin eingebracht wird, soll übrigens vom »Australian Council for Educational Research« (ACER) vollbracht werden, selbstverständlich – gemäß dem offenbar weltweit vorhandenen Ranking-Bedürfnis – wieder einmal einmündend in eine Rangliste der Nationen.

Drittens gibt es noch die Hamburger LAU-Studie, die an drei Stellen der Schullaufbahn die »Lernausgangslage« misst und vergleicht; mit genauem Namen heißt die Studie, die von der Berliner Humboldt-Universität durchgeführt wird, »Aspekte der Lernausgangslage und der Lernentwicklung von Schülerinnen und Schülern an Hamburger Schulen«. Ein Grund für die Durchführung war der Verdacht, dass Leistungsschwächere in Hamburger Schulen stärker gefördert werden als Leistungsstärkere. Wäre das jedoch schlimm? Schließlich setzen sich gute Schüler sowieso durch, und schwächere Schüler mehr zu fördern, erspart der Gesellschaft vielleicht eine Fülle von Verlierern, die nicht nur gewalttätig, süchtig oder krank zu werden drohen, sondern die als Sozialhilfeempfänger oder gar als Straftäter den Staat auch teuer zu stehen kommen. Es bleibt also im Vorfeld von Leistungsvergleichen immer die Frage zu klären, ob wir vor allem die Leistungsspitzen unserer Gesellschaft noch weiter in den internationalen Wettbewerb hineinfördern wollen, oder ob wir eher dafür dankbar sein sollten, dass wir weniger in der Spitze, aber dafür in der Breite einen ordentlichen Bildungsstand erreichen.

Bildungsforscher kommen auf der Grundlage bisher ausgewerteter Leistungsvergleiche unter anderem zu folgenden Schlüssen:

- Die Gruppe der besonders leistungsstarken Schüler umfasst an Gesamtschulen etwa drei Prozent, an Gymnasien aber etwa 26 Prozent. Elf Prozent der Gymnasiasten verbleiben unter dem gymnasialen Leistungsniveau, aber nur sechs Prozent müssen das Gymnasium in Richtung Haupt- und Realschule verlassen.

- 14 Prozent der Haupt- und Realschüler könnten auch auf einem Gymnasium mithalten, aber nur vier Prozent schaffen den Übergang nachträglich dorthin.

- Mädchen entwickeln sich in Deutsch und Englisch besser als Jungen, während die Leistungsentwicklung im Fach Mathematik bei beiden Geschlechtern etwa gleich ist.

- Ausländische Schüler erreichen an deutschen Schulen eine raschere Lernentwicklung als deutsche Schüler.

- Die Lernentwicklung verläuft umso günstiger, je höher der Schulabschluss der Eltern ist.

- Der Notenunterschied beträgt zwischen Gesamtschulen und Gymnasien bei etwa gleichen Leistungen ungefähr zwei Notenstufen; was an einem Gymnasium eine 4 ist, kann also in der Gesamtschule eine 2 sein.

- Die nordrhein-westfälischen Gesamtschulen liegen im erreichten Bildungsniveau nicht nur unter den Gymnasien, sondern auch noch unter den Realschulen, allerdings nur bezogen auf klassische Bildungsanteile wie Mathematik, Physik und Englisch. Kein Wunder, wenn man bedenkt, dass die Gesamtschule in Hamm zwar den Weg zum Abitur offen hält, was »Spätentwicklern« gut tut und was ihnen unnötige Versagenserlebnisse und damit Verhaltensschwierigkeiten erspart, dass aber von ihren 347 Schülern eines Jahrgangs 286 eine Hauptschulempfehlung hatten, 59 eine für die Realschule und lediglich zwei eine gymnasiale Empfehlung.

So fragwürdig, wie nicht etwa diese Zahlen, aber ihre Interpretationen sind, so gewiss ist dennoch erstens, dass Kinder geborene Lerner sind, dass sie ihre Kräfte entwickeln und damit leistungsstark werden wollen, dass sie es mögen, wenn man ihre Kräfte und damit ihre Leistungsfähigkeit herausfordert, und dass man die unverzichtbare Herausforderung durch Förderung effektiv ergänzen kann – das gilt nicht nur für Leistungsspitzen, sondern auch für Leistungsschwache. Ein Volk ist nicht nur gebildet, wenn es Erfindungen, Patente und Nobelpreisträger produziert, es ist gerade auch dann gebildet, wenn es das Bildungsniveau der Leistungsschwachen anzuheben vermag.

Alle Kinder wollen etwas lernen und leisten; es müssen schon viele Niederlagen zusammenkommen, damit ein Kind schließlich zum Lernversager wird, damit es sich Leistungen in gesellschaftlich erwünschten Leistungsbereichen nicht mehr zutraut und deshalb auf gesellschaftlich unerwünschte Leistungsbereiche ausweicht (Klauen, Lügen, Zuschlagen, Abpressen, Betrügen, Hehlerei, Hooliganismus, Rechtsradikalismus usw.). Zunächst wollen alle Kinder anderen Menschen gefallen, und erst wenn ihnen das auf Dauer überhaupt nicht gelingt, suchen sie sich Bewunderer in randständigen Bereichen. Denn Leistung ist für sie auch, in der Rangordnung ihrer Peer-Group nach oben zu kommen.

Kinder wollen gefordert werden – um ihrer eigenen Zukunft willen

- *Die klassische Mütterlichkeit schützt das Kind und unterfordert es oft, gemessen an seinem Alter. Die klassische Väterlichkeit fordert das Kind so, als wäre es schon älter, als es wirklich ist. Heute können auch Väter mütterlich und Mütter väterlich sein.*
- *Jugendliche spüren, dass sie ihre Zukunft mehr mit den Mitgliedern ihrer Generation als mit der vor ihnen lebenden Generation teilen werden. Sie lassen sich daher von Gleichaltrigen leichter herausfordern als von noch so wohlmeinenden Erwachsenen.*
- *Trends haben oft eine Sogwirkung auf Menschen.*
- *Jugendliche darf man in ihrem Verhalten nicht nur verstehen wollen, man muss sie auch mit ihrem Verhalten konfrontieren, und das funktioniert am besten durch andere Jugendliche.*
- *Junge Menschen gehören uns Erwachsenen nicht, wir dürfen sie nur begleiten und beraten; wir können sie zwar nicht mehr direkt erziehen, aber auf vielfältige Weise indirekt.*

Kleine Kinder sind wie Knospen, in ihnen schlummert sehr viel Entwicklungskraft. Kaum dass ihre Augen funktionieren, wollen sie an Mimik und Gestik sowie am Klang der Sprache ihrer Mutter ablesen, was gut, was nicht so bedeutsam und was schlecht ist. So beginnt ihr Weltbildaufbau, so wächst ihre Orientierung in Bezug auf Verhaltensnormen. Anfangs schreien sie oft, um ihre Wünsche erfüllt zu bekommen; aber dann stoßen sie immer wieder an Grenzen, weil Mama das nicht hat, was sie gerade wollen, weil Mama einige Stunden Ruhe braucht oder schlafen will oder weil Mama gerade telefoniert. So machen sie schon früh Grenzerfahrungen und lernen direkt, dass ihr eigener Wille mit dem von anderen Menschen abgestimmt und im Sinne von Kompromissen eingeschränkt werden muss. Zwar versuchen sie noch mit Trotz und Aufbegehren, ihren Spielraum zu erweitern, aber wenn die Grenzen konsequent und nicht zu weit und nicht zu eng gesetzt werden, dann beginnen sie, die Regeln, Normen und Werte zunehmend einzuhalten und auf Dauer auch zu verstehen. Mit ihren Grenzübertritten erproben sie ihre Macht und sie erfahren die Art von Widerstand, die ihre Kräfte sinnvoll kanalisiert. Und in dem Maße, wie sie wohldosierte Gegenwehr erfahren, beginnen sie, aufmerksam die Reaktionen ihres Gegenübers zu studieren, so dass auf Dauer auch ihr Einfühlungsvermögen wächst. Das Ergebnis des Austestens von Macht und Gegenmacht ist im positiven Fall eine Form des taktischen Verhaltens, mit dessen Hilfe sie ihre Bedürfnisse durchsetzen ohne anzuecken.

Auf diese Weise entwickelt sich langsam ihre soziale Kompetenz, die einhergeht mit dem Differenzierungsvermögen, zwischen den Reaktionen Mamas, Papas, des Bruders oder des Hundes unterscheiden zu können. Wissenschaftler haben festgestellt, dass Säuglinge sich recht bald daran gewöhnen, dass ihr Vater sie beispielsweise aus etwas größerer Höhe ins Kinderbett fallen lässt als ihre Mutter; es geht dabei nur um wenige Zentimeter. Wenn ihr Papa das so tut, juchzen sie, wenn ihre Mama hingegen die gleiche Höhe wählt wie der Vater, weinen sie, weil sie von ihrer Mutter anderes, Liebevolleres, Fürsorglicheres zu erwarten gelernt haben.

Andere Beispiele für das Erlernen differenzierter Wahrnehmungsmuster im Säuglings- und Kleinkindalter: Schon recht früh studieren die Kleinen, was beim Greifen und Kneten bzw. beim Anfassen passiert; einige Gegenstände sind hart, kalt, feucht und schwer, andere sind weich, warm und leicht, einige lassen sich verformen, andere zerbrechen, einige schweben geräuschlos zu Boden, andere rasen mit gewaltigem Aufprall hinunter, einiges tut weh, anderes ist wohltuend. Besonders spannend ist das Erlebnis der eigenen Muskelkoordination und der Umgang mit dem Gleichgewichtssinn, wenn der eigene Körper sich vom Krabbeln aufrichtet und einige Schritte gewagt werden; dabei bleibt ein baldiges Hinfallen nicht aus. Später kommen die großen Sinneserfahrungen des Schaukelns, des Kletterns, des Rutschens, des Hüpfens und des Rollens hinzu, die diejenigen des Drückens, des Fallens, des Schmusens, des Getragenwerdens und des Balancierens ergänzen, ganz zu schweigen vom Matschen und dem Spielen mit Wasser. Die Wege führen immer weiter von Mama weg und die Zeiten der räumlichen Trennung werden immer größer. Das Kind ist zunehmend auf sich allein gestellt, auf seine bis dahin dürftige Lebenserfahrung zurückgeworfen. Neugier ist der Motor für seine Körper-, Welt- und Zukunftserkundung im Dinglichen und im Sozialen.

Kindern ist der Wunsch nach Kräfteentfaltung angeboren, sie wollen Herausforderungen und Grenzerfahrungen zum Ausbau ihrer Kräfte und ihres Orientierung und damit Sicherheit gebenden Weltbildes erfahren. Die Herausforderungen müssen dabei immer ein ganz klein wenig größer sein als ihre bisherigen Erfahrungen mit den eigenen Kräften. Zu große Überforderungen machen ihnen hingegen Angst, die sich über wiederholte Niederlagen erhöht; Unterforderungen führen zu Langeweile.

Während mit Mütterlichkeit noch vor kurzem vor allem die Funktionen des Bewahrens, des Schützens und der leiblichen Versorgung der Grundbedürfnisse eben durch die Mutter gemeint war, stand Väterlichkeit in erster Linie für die leicht erhöhte Herausforderung der Kräfte, deren Erprobung Kinder auf die Zukunft vorbereiten sollte. Heute muss Mütterlichkeit nicht mehr an die Person der Mutter gebunden sein, sie kann von jedwedem Menschen übernommen werden, also auch vom Vater, vom Bruder, vom Opa oder von der Kinderpflegerin; nur irgendein Mensch muss diese Dimension der Nähe, der Emotionalität, der Wohnstubenatmosphäre und des Schutzes durch den familiären Nahraum repräsentieren; das kann auch im Wechsel von verschiedenen Personen erfolgreich geschehen. Und umgekehrt kann die Kräfte herausfordernde Funktion der Väterlichkeit, die auch für Grenzsetzungen und Sanktionen zuständig war, heute auch gut durch die Mutter, die Oma, die Schwester oder die Grundschullehrerin wahrgenommen werden.

Wenn aus Kindern Jugendliche werden, wollen sie nicht nur weiterhin durch Trainer, Lehrer, die Mitspieler und die Gegner ihrer Fußballmannschaft herausgefordert werden, sie wollen sich auch selbst fordern, indem sie z.B. bei ihrem Computerspiel versuchen, es von der siebten in die achte Ebene zu schaffen, indem sie mit ihrem Skateboard auf eine Sitzbank springen und wieder auf dem Boden landen, indem sie freihändig Fahrrad fahren, indem sie ohne entdeckt zu werden eine Schachtel Zigaretten im Supermarkt klauen, indem es ihnen gelingt, ein unerreichbares Mädchen oder einen unerreichbaren Jungen zu erobern, indem sie einen Motor auseinander nehmen und wieder zusammenbauen, indem sie die Mutprobe als Aufnahmeritual in eine Jugendbande bestehen oder indem sie das schwarze Band in ihrem Judo-Klub erreichen. Außerdem wollen sie ihre Möglichkeiten und Grenzen, ihre Außenwirkung auf andere und deren Reaktionen nicht nur in Bezug auf ihr äußeres – oft extrem gestyltes – Erscheinungsbild überprüfen, sondern auch, indem sie mit Gleichgesinnten Alkohol, Zigaretten, Drogen, Gangbanging und Aggressionen gegen Feindbilder austesten. Zum Glück gibt es dieses Selbsterfahrungsbedürfnis aber auch in Bezug auf »gesunde« Freizeitbetätigungen wie Joggen, Basketball, Musikinstrumentespielen, Hanteltraining, Gewichtheben, Lösung von mathematischen Aufgaben oder Schriftstellerei.

Art und Ausmaß von Forderungen und Grenzen sollten jeweils auf Lebensalter und Entwicklungsstufe von Kindern und Jugendlichen abgestimmt sein:

> Eine entwicklungspsychologisch stimmige und zeitgemäße Erziehung muss in den ersten drei Lebensjahren autoritär sein, weil dann die hinter Forderungen und Grenzsetzungen stehenden Normen für das Kind durchweg noch nicht einsichtig sind; das Kind will in seinen ersten Lebensjahren mit seinem Urvertrauen seinen Bezugspersonen einfach nur folgen, also geführt werden.

> Vom vierten bis etwa zum 13. Lebensjahr müssen Forderungen und Grenzen aber begründet werden, je nach Thema mal früher, mal später einsetzend. Erwachsene müssen sich dann um die Zustimmung des jungen Menschen bemühen, was manchmal leicht ist, manchmal aber auch ein längeres Ringen um Überzeugung erfordert. Das ist die Phase der autoritativen Erziehung, in der sich die Autorität der Erwachsenen im Kopf und im Herzen des Kindes

bildet. Dabei gilt, dass man eine Autorität nur dann werden kann, wenn sich das Kind dazu entscheidet, einen als Autorität anzuerkennen.

> Vom 14. Lebensjahr an können Erwachsene junge Menschen nur noch begleiten und beraten, das heißt, sie können nur noch mit Begründungen arbeiten, die die Forderungen und Grenzsetzungen implizieren, ohne dass sie noch separat ausgesprochen werden. Jedenfalls gilt das für zuvor optimal erzogene junge Menschen. Wenn 14-Jährige jedoch ein schweres Leben mit vielen Niederlagen hinter sich haben, wenn sie schwer verhaltensgestört oder gar immer wieder rückfällig werdende Straftäter sind, dann muss man mit ihnen – wenn auch in kürzeren Phasen – wieder autoritär beginnen, indem man sie verbindlich unterbringt, indem man Forderungen und Grenzen setzt, bis sich eine Bindung an eine konkrete Bezugsperson so verfestigt hat, dass die Angst, diese wieder zu verlieren, über unerwünschtes Verhalten obsiegt. Wenn dann per Gewöhnung durch Erfolg erwünschtes Verhalten zur Regel wird, können die autoritative und die Phase der bloßen Begleitung und Beratung folgen, in der der junge Mensch lernt, auf eigenen Beinen zu stehen, in der er selbstständig wird und sich mit weiter werdenden Kreisen an die Normen und Werte und an seine Zukunft mit Perspektiven in Richtung Schulabschluss, Berufsausbildung, Beruf, Familiengründung und sinnvolle Freizeitbeschäftigung sowie in Richtung Mündigkeit als soziales und politisches Wesen zu binden vermag. Schließlich ist vom 14. Lebensjahr an die direkte Erziehung der Persönlichkeit kaum noch möglich, jedenfalls nicht durch besonders nahestehende Personen. Was noch funktioniert, ist einerseits das Lernen und andererseits die indirekte Erziehung durch den Umgang, den der junge Mensch hat. Eltern können vom 14. Lebensjahr an noch indirekt Einfluss auf die Persönlichkeit ihres Kindes nehmen, z.B. durch Wohnortwahl, durch Anmeldung in einer bestimmten Schule oder einem ausgesuchten Sportverein, durch die Wahl des Urlaubsorts oder der Geschenke oder indem sie einzelne Freundschaften mit Gleichaltrigen organisatorisch begünstigen und andere nicht.

> Jugendliche wollen sich vor allem an den Mitgliedern ihrer Generation orientieren und nicht mehr so sehr an der vor ihnen lebenden Generation. Sie sind in erster Linie den angesagten Trends auf der Spur, wenn nicht gar verfallen, und zwar in Bezug auf Frisuren, Bekleidung, Marken, Musikgeschmack, Insider-Sprachcodes, Partnerschaftsverhalten und Freizeitbeschäftigungen wie Skateboardfahren, Inline-Skating, Kickboardfahren, Graffiti, Medienkonsum, Partyverhalten, aber auch in Bezug auf Drogen sowie Feindbilder und Formen von Gewalteinsatz. Dabei wollen sie sowohl in einer überschaubaren jugendkulturellen Nische vor Ort dabei sein als auch weltweit nicht den Anschluss verpassen; ihre Bezüge sind also lokal und global zugleich. Deshalb spricht der

Bielefelder Jugendforscher Wilfried Ferchoff von der »glokalisierten« Jugend, die er bezogen auf die Vielfalt ihrer Anbindungen an lokale und globale Trends auch »Patchwork-Jugend« nennt – so werden zur Zeit etwa 200 verschiedene Jugendkultnischen allein für Deutschland beschrieben.

Die Trends erwachsen nicht nur aus der Jugendkultszene allein, sie werden teilweise auch durch Industrie und Werbung sowie durch Medien gesteuert, und der Einfluss auf die Jugendlichen ist oft alles andere als positiv. Die Begleitung durch Erwachsene ist also unverzichtbar, auch wenn direkte Erziehung wie gesagt kaum noch möglich ist.

Die Forderungen in Richtung auf Verhaltensveränderungen müssen also auch im Jugendalter immer noch von den Erwachsenen organisiert werden, aber sie können letztlich nur von den Gleichaltrigen, also von anderen jungen Menschen aufgestellt werden. Erwachsene sollten also dafür sorgen, dass Jugendliche und Heranwachsende mit den Konsequenzen ihres Verhaltens durch andere Jugendliche und Heranwachsende konfrontiert werden. Ein Beispiel dafür ist das Anti-Aggressivitäts-Training in der Jugendanstalt Hameln:

Dort sitzen Täter auf dem »heißen Stuhl« und werden von anderen jungen Menschen auf ihre Taten angesprochen, sie werden von ihnen dafür beschimpft und abgewertet, sie werden körperlich in die Enge getrieben, und sie werden stundenlang bis zur Erschöpfung, bis zum Einknicken und zum kleinlauten Einlenken, Zustimmen, Versöhnen und Wiedergutmachen durch eine Übermacht von Gleichaltrigen, die nicht locker lassen, mit Argumenten bearbeitet; und sie trainieren mit den Gleichaltrigen Verhaltensalternativen, damit sie angesichts eines Konflikts zwischen mehreren Wegen und Maßnahmen wählen können, und um sich angemessen wehren, behaupten und durchsetzen zu können. In Schulen werden mit dieser Methode, die auch »Coolness-Training«, »Werteerziehung über Dilemmata« oder »Kriseninterventionsprogramm« heißt, nicht nur Täter gewandelt, sondern auch Opfer gestärkt und Zuschauer oder Wegschauer zu »Streitschlichtern« oder »Konfliktlotsen« aus- und fortgebildet bzw. herausgefordert.

Wenn Eltern, Erzieher und Lehrer Jugendliche noch zu einer positiven Persönlichkeitsentwicklung herausfordern wollen, brauchen sie dazu also miterziehende, konfrontierende, bewertende und verpönende Gleichaltrige.

Wenn wir resümieren, dass es nicht mehr ausreicht, junge Menschen nur in ihrem Verhalten verstehen zu wollen, sondern dass wir sie sowohl verstehen, als sie auch mit dem, was sie getan haben, konfrontieren müssen, dann hat eine neue pädagogische Ära begonnen. Sie löst die bloße Verstehens- oder Verständnispädagogik der vergangenen 35 Jahre ab durch eine Pädagogik, die auch fordert, und zwar über den Umweg der Einsicht, dass junge Menschen am besten von anderen jungen Menschen lernen.

Was den Erwachsenen dennoch an pädagogischer Aufgabe bleibt, ist dreierlei:

> Sie müssen Vorbilder, also Verhaltensmodelle für junge Menschen sein.

> Sie müssen organisieren, dass junge Menschen von positiven anderen jungen Menschen beeinflusst werden.

> Und ihnen muss bewusst sein, dass ihnen junge Menschen nicht gehören, sondern dass sie sie nur ein Stück ihres Weges begleiten und beraten dürfen.

- *Unterforderte Kinder kompensieren, indem sie sich einen meistens materiellen Ausgleich verschaffen. An dieses Ausweichen können sie sich so sehr gewöhnen, dass sie auf Dauer verhaltensschwierig oder neurotisch werden, zumindest aber materialistisch und übermäßig konsumorientiert.*
- *Hoch begabte Kinder sind oft intellektuell unterfordert, aber genauso oft in den nicht intelligenzabhängigen Leistungsbereichen überfordert. Sie scheitern dann in der Schule, weil sie sich Dinge nicht richtig erarbeiten können.*
- *Hoch begabte Kinder sind häufig sozial überfordert; sie haben vielfach zu wenig Kontakte zu Gleichaltrigen.*
- *Unterforderte Kinder flüchten oft in Tagträume, Phantasien und Spezialinteressen, mit deren Hilfe sie sich von der Realität entfernen.*
- *Gut begabte Kinder müssen mit leistungsschwachen vernetzt werden, damit ihre Sozial- und Kommunikationskompetenz und ihre Ausdauerfähigkeit herausgefordert werden.*

Erziehung gelingt leicht, wenn man mit den von außen organisierten Reizen, Zuwendungen und Forderungen etwa die Mitte der kindlichen Grundbedürfnisse trifft. Doch genau das ist für manche Eltern nicht so einfach zu lösen. Was ist die Mitte?

Zu einer Antwort kommt man, wenn man von Anfang an sehr genau die Bedürfnisse des Kindes wahrnimmt. Sie ergibt sich aber auch, wenn man im Rückblick, nachdem das Kind bereits »aus dem Ruder gelaufen« ist, analysiert, wieso es zu dem Fehlverhalten kommen konnte.

Das noch sehr kleine Kind ist immer bemüht, unbewusst seine Reizbilanzen ins Lot zu bringen; es steuert einigermaßen gesund dagegen, wenn es unter Bewegungsmangel oder unter zu viel Zucker leidet, wenn ihm Schlaf fehlt oder wenn die Eltern zu nervös sind. So bewegt es seine Gliedmaßen viel, wenn es ihm an Positionswechsel oder Möglichkeiten zum Ausleben seiner motorischen Bedürfnisse mangelt. Es rennt, wenn es schon laufen kann, dreißig Mal den Flur hin und her oder auf dem Hof herum, weil es während einer Autofahrt unter Bewegungsmangel litt. Es sucht salzreiche Kost, wenn es zu viel Zucker aufnahm, es will nur wenig essen, wenn es zuvor zu viel essen musste, und es schläft im dichtesten und lautesten Menschengewühl und während des schlimmsten elterlichen Streites an den unmöglichsten Stellen einfach ein, um sein Schlafdefizit auszugleichen oder um den Zwist zwischen Vater und Mutter nicht länger aushalten zu müssen.

Doch irgendwann können sich Defizite zu einem derart gravierenden Mangel ausbauen, dass es dem Kind nicht mehr mit seinem Instinkt, also mit »Bordmitteln« gelingt, seine innere Balance zu halten. Ein Ausgleich mittels Selbsthilfe ist dann nicht mehr möglich, die Folge sind Störungen durch permanente Unterforderung der Sinne. Auf diese Weise führt Bewegungsmangel zu Koordinationsschwäche und zu feinmotorischen Störungen, mangelnde Bewegungserfahrungen im dreidimensionalen Raum zu einem unterentwickelten Gleichgewichtssinn und Mangel an Ansprache, an Zuhören und an Sprechanlässen später zu einem »restringierten Sprachcode« mit einem zu geringen Wortschatz und einer völlig unzulänglichen grammatikalischen Kompetenz. Am Ende stehen oft genug Legasthenie und das Ausweichen auf die nonverbalen Aspekte von Sprachverhalten (Weinen, Schreien, Fäkaliensprache, Ein-Wort-Sätze, unvollständige Sätze, Stottern und Poltern) sowie der Einsatz von körperlicher Gewalt bis hin zum Zerstören und Zuschlagen. Bewegungsmangel im dreidimensionalen Raum bringt meistens eine Form von Rechenschwäche (Dyskalkulie) und die erhöhte Gefahr zu verunfallen mit sich, weil es zu selten Anlässe gab, um den Umgang mit Kräften, Entfernungen, Geschwindigkeiten, Größen, Höhen und Balanceakten einzutrainieren.

Wenn die Sprachentwicklung und die Kommunikationsfähigkeit aus Mangel an Sprechanlässen, der oft mit einem Mangel an Bezugspersonen auf der Eltern-, Geschwister-, Großeltern- und Spielkameradenseite einhergeht, zu wenig herausgefordert werden, entwickelt sich der Geist des Kindes nicht in dem Maße wie bei gut geforderten und geförderten Gleichaltrigen. Es kommt zu einer Zurückstellung von der Einschulung oder zu einer Sonderschul- oder Hauptschulkarriere und damit oft zu einem Außenseiter- und damit Verliererschicksal.

Das Gleiche gilt für die Ernährung: Ist sie von Anfang an stets unstimmig, versucht das Kind, zunächst gegenzusteuern; auf Dauer gelingt ihm das aber nicht, so dass es schließlich mit Essstörungen aus den Zuwendungsdefiziten ausweichen will. Es fügt sich dann zunächst mit viel Zucker und später mit großen Mengen an Essen selbst etwas vermeintlich Gutes zu, obwohl es eigentlich etwas ganz anderes haben will, nämlich Liebe, Zeit, Ansprache, Zuhören, Bewegung, Spiel, Körperkontakt und Familie. Ess- oder Fresssucht, gepaart mit Bulimie, und der Einstieg in den Drogenkonsum, aber auch Spielsucht, Arbeitswut, Sammelleidenschaft, Sexsucht, Waschzwang oder Ordnungstrieb können die zwanghaften Folgen werden.

Wir wissen von autistischen Kindern, die sich am Beginn ihres Lebens trotz eventuell sogar hoher Intelligenz ziemlich lange aus ungeklärten Gründen gegen Umweltreize abschotten. Ihr Geist und ihre Sprachmöglichkeiten sind über einen so langen Zeitraum unterfordert, dass auch mit einer später einsetzenden intensiven und dann erfolgreichen Therapie die Defizite nie mehr gänzlich ausgeglichen werden können; auch wenn sie bereits 23 Jahre alt sind, merkt man ihnen immer noch an, dass sie einen etwas kleineren Wortschatz und etwas größere Kontakt- und Kommunikationsprobleme als andere Menschen in dem Alter haben.

Am schlimmsten trifft Unterforderung die hoch begabten Kinder, die mit einem Intelligenzquotienten (IQ) über 130 »geschlagen« sind. Ihre Probleme treten allerdings meist erst mit Beginn der Schulzeit auf, weil sie ihrer Altersstufe entweder ganz oder teilweise voraus sind, weil sie schon lesen, schreiben und rechnen können, bevor sie eingeschult werden, und weil sie sich dann im Unterricht so langweilen, dass sie ihr inneres Gleichgewicht nur mit dem Ausweichen in Tagträume und Phantasien, Drudeln oder mit anderen unbotmäßigen Beschäftigungen halten können. Sie müssen in den ersten Schuljahren nie so richtig für die Schule arbeiten, sie müssen sich eigentlich nie besonders anstrengen, um die schulischen Leistungserwartungen zu erfüllen, so dass sie einen Mangel an Qualifikationen in den nicht intelligenzabhängigen schulischen Leistungsbereichen aufweisen, in denen sie nach etwa zwei bis drei Jahren von den Mitschülern schließlich überholt werden: Hefte und Bücher mitbringen, Überschriften und Ergebnisse unterstreichen, eine Unterschrift unter die Einladung zum Elternabend bei der Mutter einholen, zuhören und Sachverhalte im Kopf speichern, auch wenn es trivial oder lapidar ist, auf einen Mitschüler im Unterrichtsgespräch eingehen, auch wenn man dessen Problemlage schon vor Jahren hinter sich brachte, usw. Hoch begabte Kinder tragen daher ein besonders hohes Risiko, in der Schule zu scheitern. Sie bleiben mehr als andere Schülergruppen sitzen, und sie werden häufiger als andere Rückläufer vom Gymnasium zur Realschule und von der Realschule zur Hauptschule. Ganz oft halten sie nicht einmal bis zum Hauptschulabschluss durch. Dazu kommt, dass die meisten Lehrer zu wenig von Hochbegabten verstehen und und weil die Klassenkameraden oft mit ihnen nicht gut klarkommen. Denn was diese interessiert und was diese spielen, haben die Hoch begabten längst hinter sich, und was sie selbst beschäftigt und motiviert, interessiert ihre Mitschüler noch gar nicht. Hochbegabte haben deshalb durchweg ein Defizit an freundschaftlichen Kontakten mit Gleichaltrigen, sie laufen Gefahr, sich allzu früh ausschließlich an Erwachsene anzuschließen und von den Schulkameraden als Sonderlinge eingestuft und als Außenseiter behandelt zu werden. Ihre Kräfte bleiben oft in einer Weise unterentwickelt, dass sie sich mehr als andere Menschen langweilen und dass sie deshalb zu schweren Verhaltensstörungen, Neurosen oder Psychosen Zuflucht nehmen. Sie helfen sich, indem sie ausgeprägte Spezialinteressen entwickeln; so gibt es Hochbegabte mit ungewöhnlichen Hobbys wie Tiefseetauchen, Terrarienhaltung und Muschelsammeln, oder sie entwickeln sich zu extremen Computer- und Internetspezialisten, zu Fremdsprachengenies, zu Schach-Cracks oder zu Mineralien-, Moos-, Reptilien- oder Käferspezialisten. Und damit sind sie immer ein Stück weit der Lebenswirklichkeit entrückt, sie wirken weltfremd oder gar linkisch. Erst wenn sie mit ihresgleichen in Hochbegabtenschulen oder in nachmittäglichen, wochenendmäßigen und ferialen Freundschaften zusammengeschlossen werden, finden sich die entwicklungsnotwendigen Kontakte zu

Gleichaltrigen, mit denen sie ein wenig, aber nie mehr ganz ihre Kommunikationsdefizite ausgleichen können.

Hochbegabte werden wegen ihrer Spezialinteressen für ihre Eltern oft sehr teuer, sie werden wegen ihrer vielen von normal begabten Menschen kaum beantwortbaren Fragen und wegen ihres geringen Schlafbedürfnisses, wegen ihrer Umtriebigkeit und ihrer phantasieüberladenen Geschichten für ihre Mütter und Väter, Geschwister und Mitschüler außerordentlich anstrengend; und dennoch ist ihr Hauptleidenspunkt die permanente Unterforderung, die maßlose Langeweile. Sie leiden unter dem Missverhältnis ihrer oft weit vorauseilenden intellektuellen Entwicklung und ihrer gleichzeitig weit hinterherhinkenden sozialen Kompetenz. Die Beratungsstelle für besondere Begabungen der Hamburger Schulbehörde lehnt es daher zu Recht ab, die Lage hoch begabter Kinder durch zusätzliche Isolation in Sondereinrichtungen oder durch Überspringen von Klassenstufen zusätzlich zu erschweren. Stattdessen ist sie bemüht, das hoch begabte Kind, seine Eltern und seine Lehrer zu Experten für besondere Begabungen fortzubilden, so dass die soziale Situation des Kindes in einer Weise verbessert werden kann, dass es im Verband seiner Gleichaltrigen verbleiben und dort soziales Lernen nachholen kann. Hochbegabte brauchen also nicht vor allem die Zusatzförderung ihrer ohnehin schon stark vorhandenen Intelligenz, sie benötigen vielmehr die nachgereichte Förderung in Bezug auf den Umgang mit Gleichaltrigen, mit ihren Eltern, Geschwistern und Lehrern, in Bezug auf Emotionales, Kommunikatives und Soziales, aber auch in Bezug auf anstrengendes Arbeits-, Ordnungs- und Konzentrationsverhalten sowie in Bezug auf Durchhaltevermögen, auch wenn das für sie zunächst langweilig ist. Oft fühlen sich Hochbegabte jedenfalls recht wohl in ihren Klassen, wenn es den Lehrern gelingt, sie als Miterzieher und Lernhelfer mit schwachen Schülern zu vernetzen. Denn wenn sie das, was sie sowieso schon längst können, Mitschülern erklären sollen, dann werden auch ihre soziale und kommunikative Kompetenz und ihre Ausdauer herausgefordert. Das Überspringen von Klassenstufen erhöht nämlich meistens ihr Defizit an Kontakten zu Gleichaltrigen, und das Ausweichen in Hochbegabtenschulen oder -kursen erhöht ihre Lebensferne und erschwert ihr späteres Einmünden in die Normalität des Erwachsenenalltags.

Dagegen ist es für Hochbegabte eine größere Leistung, es im angestammten Klassenverband bis zum Ende aus- und durchzuhalten. Der x-mal eingeleitete Wechsel von Lernverbänden wegen ständiger intellektueller Unterforderung vergrößert im Allgemeinen die sozialen und damit auch die politischen Defizite und trainiert völlig unnötig das rasche Ausweichen statt das Direkt-auf-ein-Problem-zugehen-Können ein.

Eltern und Lehrer, die diesen Zusammenhang nicht begreifen, tragen leider ungewollt ganz oft zu dem Paradoxon bei, dass es so viele der etwa 350.000 deutschen Schüler mit einem IQ über 130 besonders schwer haben, in der Schule, im

Freundeskreis und im späteren Leben zu bestehen. Zum Glück trifft das Schicksal des Scheiterns in der Schule nur etwa jeden zehnten hoch begabten Schüler; die anderen 90 Prozent halten durch und machen schließlich auch die notwendigen sozialen Fortschritte. Aber zehn Prozent gescheiterte Hochbegabte sind dennoch viel zu viele; unsere Gesellschaft kann sich einen derartigen Luxus von Begabungsverschleuderung nämlich gar nicht leisten.

- *Eltern, die ihre Kinder in eine ungewisse Zukunft hinein verplanen, richten nicht selten ungewollt viel Schaden an.*
- *Permanent überforderte Kinder haben viele Versagenserlebnisse, was dazu führt, dass sie im Jugendalter eher als andere Kinder in den Drogenkonsum einsteigen.*
- *Eine fremdsprachliche Frühförderung ist nur sinnvoll, wenn sämtliche deutsche Kinder daran teilhaben.*
- *Kinder müssen ihre Entwicklungsstufen ausleben können; wenn sie ihre Kindheit überspringen, besteht die Gefahr, dass sie seelische Krüppel werden.*
- *Immer mehr Kinder empfinden Kindsein als Kindischsein, weil ihre ehrgeizigen Eltern sie zu früh in Richtung Karriere und hohen Lebensstandard bugsieren und damit überfordern.*

Eltern, die meinen, ihre Kinder seien unterfordert, überfordern diese meist. Zur Zeit wächst das Phänomen der verplanten Kinder. Immer mehr Eltern meinen es zu gut, indem sie ihre Kinder in eine ungewisse Zukunft hinein mit Überfürsorge traktieren. Sie wollen nur »das Beste für ihr Kind«, »räumen ihnen jeden Stein aus dem Weg«, weil sie früh die Grundsteine für eine Karriere und einen hohen Bildungs- und Lebensstandard legen wollen. Sie bedenken dabei nicht, dass sie ihr Kind auf diese Weise unselbstständig belassen, dass sie dazu beitragen, dass es die so wichtigen Lebensstufen der Bewegung, des Spiels und der vorsichtigen Selbsteroberung der Welt schlichtweg überspringt, so dass am Ende ein genauso geringer Sozialisationsgrad dabei herauskommt wie bei einem vernachlässigten Kind. Wer sein Kind die jeweiligen Entwicklungsstufen nicht richtig ausleben lässt, wer permanent – wie schon Friedrich Daniel Schleiermacher in seinen pädagogischen Vorlesungen 1826 sagte – »den einen Moment dem anderen opfert«, überfordert sein Kind und sorgt bei ihm für Neurosen oder Psychosen, zumindest aber für Verhaltensschwierigkeiten, mit denen die Eltern die Quittung ihres verplanenden Gut-Meinens irgendwann doppelt zurück bekommen.

Wie mittlerweile überall in Deutschland gibt es auch im schleswig-holsteinischen Neumünster ein privates fremdsprachliches Frühförderinstitut, in dem bereits Dreijährige Englisch- und Französisch-Unterricht haben. Es platzt aus allen Nähten, weil mehr überehrgeizige Eltern ihr Kind dort anmelden wollen, als Plätze vorhanden sind. Sogar die Leiterin dieses Instituts ist erschrocken ob der Übernachfrage, weil sie spürt, dass es vielen Müttern und Vätern nicht nur um eine gesunde Frühförderung geht, sondern auch um Overprotection, um Startvorteile beim Wettlauf durch die Bildungsinstitutionen Schule und Hochschule.

Denn allzu stark frühgeförderte Kinder haben es mit Beginn der Grundschule recht bald schwer; sie teilen ihr Schicksal mit dem vieler hoch begabter Kinder: Sie können vieles von dem, was die Lehrerinnen erwarten, schon so gut, dass sie sich langweilen und deshalb Schwierigkeiten machen und schließlich sogar scheitern, auch weil sie ihre Kindheit nicht in mußevoller spielerischer und bewegungsreicher Selbstbestimmung zusammen mit Gleichaltrigen ausleben konnten. Sie mussten schon früh von ihren Eltern lernen, dass Kindsein auch Kindischsein bedeutet und wollten deshalb viel zu schnell wie Erwachsene leben, konsumieren, arbeiten, shoppen, lesen, fernsehen und ihre Freizeit verbringen. Die verplanende Überforderung bringt daher vielfach seelische Verkrüppelungen, die sich vordergründig als »altkluges« Erscheinungsbild zeigen und darüber hinaus als dauerhafte Unzufriedenheit, und zwar sowohl auf der Seite des Kindes als auch auf der Seite der Eltern, die mit ihren hohen Zielen für die Lehrerinnen ihres Kindes höchst anstrengend pausenlos intervenieren und nörgeln. Diese sind verständlicherweise nicht selten geneigt, ein solches verplantes Kind von überehrgeizigen Eltern, die »alles besser wissen«, schnell wieder loszuwerden, also zum Beispiel sitzenzulassen.

Überforderte Kinder haben meist mehr Niederlagen zu verkraften als normal geförderte Kinder. Sie werden schon weit vor ihrer Einschulung von ihrer Mutter, die ihren Terminkalender führt, täglich quer durch die Region zum Training, zum Musikunterricht, zur fremdsprachlichen Frühförderung und zum Kindergeburtstag chauffiert, sie bekommen dann bereits in Klasse 2 einer sehr entfernt von ihrer Wohnung liegenden, weil vermeintlich besonders guten staatlichen oder privaten Grundschule zweimal die Woche präventiven Nachhilfeunterricht neben ihren Klavier- und Hockeytrainingsstunden, sie müssen Reiten, Tennis und Ballett lernen und werden am Ende der Grundschulzeit auch gegen die Empfehlung der Lehrer selbstverständlich auf einem Gymnasium, am besten einem altsprachlichen, angemeldet. In Klasse 8 müssen sie dann zur Aufbesserung ihrer Englischnote ihre Sommerferien in einer schottischen Familie oder in einem Ferieninternat in der Schweiz verbringen, und mit 17 Jahren werden sie für ein Jahr in die USA geschickt, ansonsten kommen sie in den Frühjahrsferien in ein Ski-Camp und in den Herbstferien auf einen Reiterhof, und schon früh wird ein Computer mit Eingreifprogrammen und fremdsprachlicher Software für sie angeschafft.

Wenn alles dann nicht so gut läuft, wie die Eltern sich das erhofft hatten, dann folgen noch Termine beim Kinder- und Jugendpsychologen sowie Therapien aller Art, über die ihr Kind darüber hinaus lernt, dass es offenbar »nicht ganz dicht« ist. Das Kind hat auf diese Weise seine täglichen Niederlagen in Form von viel roter Tinte in seinen Heften, von schlechten Noten, Sitzenbleiben, Verschickung in ein Internat, vor allem aber sieht es die ständig enttäuschten Gesichter seiner »wohlmeinenden« Eltern, die eigentlich nur wollen, dass es ihr Kind »einmal besser hat« als sie. Hinter einer derartigen Einstellung verbirgt sich eine missverstandene Elternrolle, die nicht mehr in unsere Zeit passt; solche Eltern behandeln ihr Kind allzu stark als Untertanen, als Besitz, statt sich als Begleiter und fördernde Berater zu verstehen.

Kinder, die derart verplant und überfordert aufwachsen, machen oft sehr lange ohne zu klagen mit, was ihre Eltern von ihnen erwarten, vor allem um diese nicht zu enttäuschen. Gleichzeitig ist aber vorauszusehen, dass sie im Rahmen der Pubertät von einem auf den anderen Tag eine Kehrtwende in ihr Leben bringen; sie rasten aus nichtigem Anlass aus, lassen sich volllaufen, nehmen Drogen und beteiligen sich an der Zerstörung der Wohnung ihrer Gastgeber; oder sie demolieren mit Kameraden nach Abschluss der Party einen U-Bahn-Waggon oder eine Telefonzelle und kommen vier Stunden später, als von ihren Eltern zugestanden, sturzbetrunken und vollgedopt nach Hause zurück.

Die Eltern sind dann ob dieser für sie unerwarteten, aber psychologisch mehr als verständlichen gewaltigen aggressiven und autoaggressiven Explosion ihres Kindes geschockt, und sie pflegen dann, kaum dass sie ihre Sprache wiedergefunden haben, zu ihrem Kind mehr oder weniger vorwurfsvoll, aber voller Selbstmitleid und mit immer noch unverständiger Selbstrechtfertigung zu sagen: »Wir haben doch stets nur das Beste für dich gewollt!« Was da alles auf einmal an aufgestautem Frust aus ihrem Sohn oder aus ihrer Tochter herausgebrochen und sichtbar geworden ist, ist wohl den Eltern mehr anzulasten als ihrem Kind. Aber das werden solche Eltern kaum verstehen, denn sie werden auch in einem derartigen Moment meistens eher ihrem Kind die Schuld geben als sich selbst; schließlich wussten sie ja stets alles besser als rechtzeitig warnende Freunde und Bekannte aus Kindergarten, Schule, Nachbarschaft oder Verwandtschaft.

Gewiss ist diese Darstellung übertrieben; aber mit ihr soll anschaulich gemacht werden, was infolge verplanender Überforderung im schlimmsten Falle herauskommen kann.

Jedenfalls leben über Jahre verplante und überforderte junge Menschen aufgrund der Vielzahl ihrer Versagenserlebnisse mit einem überdurchschnittlich hohen Risiko, irgendwann aus ihrem grauen Alltag mit Nikotin, Alkohol, Tabletten oder illegalen Drogen wenigstens minuten- oder gar stundenweise zwecks Entlastung auszusteigen. Sie entscheiden sich unbewusst – wenn nicht für Gewalt – für Rausch oder Krankheit, um irgendwie ihr inneres Gleichgewicht, die innere Bilanz oder Balance wiederherzustellen; das schaffen sie dann vermeintlich für diese Minuten oder für 48 Stunden im Rahmen eines Technofestivals, einer Rave- oder Love-Parade, bestimmt aber nicht für ihr weiteres Leben, so dass als Folge solchen Einstiegs in Drogen oder Krankheit dann tatsächlich eine Therapie erforderlich wird.

Zurück zu den Sprachkenntnissen. Wohlgemerkt: Kinder lernen Fremdsprachen umso leichter, je jünger sie sind. In den Altersstufen von der Geburt bis etwa zum sechsten Lebensjahr wird eine ganz andere, aber sehr viel leistungsfähigere Hirnpartie mit Fremdsprachenunterricht erreicht als etwa mit dem elften Lebensjahr, die jedoch später nicht mehr zur Verfügung steht, wenn man erst in Klasse 5 mit Englisch oder Französisch beginnt.

Wenn nur einige Kinder vor der Einschulung mit Fremdsprachenunterricht gefördert werden, andere aber nicht, dann werden die fremdsprachlich früh geförderten Kinder von dem Augenblick an Opfer von Unterforderung und Langeweile, mit dem der schulische Englisch- oder Französischunterricht einsetzt. Denn die Lehrer sind mit den in den Klassen dadurch größer gewordenen Leistungsbandbreiten gezwungen, ihre Aufmerksamkeit, Kraft und Zeit mehr den schwachen als den guten Schülern zu widmen. Verhaltensstörungen wegen Unterforderung und Langeweile können bei den früh geförderten Schülern die unausbleibliche Folge sein. Allenfalls ließen sich die Förder- und Fortschrittsprobleme dadurch verringern, dass man die Schule von einer Belehrungsanstalt zu einer Lernwerkstatt umbaut und den Lehrer vom Stundengeber zum Differenzierung und Individualisierung fördernden Lernberater wandelt, weil Kinder umso besser mit dem Lernstoff umgehen, je mehr sie selbst lernen und je weniger sie belehrt werden.

Erst wenn sämtliche Kinder in Deutschland einen früher einsetzenden Fremdsprachenunterricht haben, können sie auch davon profitieren. Das setzt aber voraus, dass er umso spielerischer, musischer und bewegungsreicher sowie nichtschriftlicher durchgeführt wird, je früher er beginnt. Denn die Methode muss sich immer an die Lebensaltersstufen der Kinder anpassen, damit Kindheit nicht durch erwachsenentypische Verfrühungen übersprungen wird. Das ist möglich, weil Kinder geborene Lerner sind. Lernen, Spiel, Bewegung, Musisches und Fremdsprachen müssen also keineswegs ein unkindgemäßer Widerspruch sein, wie wir aus den luxemburgischen Vorschulen wissen, die mit dem vierten Lebensjahr obligatorisch für zwei Jahre einsetzen und in denen über die Muttersprache Lietzemburgisch hinaus auch Deutsch und Französisch gepflegt werden, und zwar ohne dass bereits geschrieben wird.

Es ist also von Vorteil, dass die deutsche Kultusministerkonferenz beschlossen hat, demnächst in sämtlichen 16 Bundesländern die 1. Fremdsprache in Klasse 3 beginnen zu lassen. Und noch besser ist, dass in Brüssel erwogen wird, in einigen Jahren mit der 1. Fremdsprache in allen Mitgliedsländern der Europäischen Union in der 1. Klasse einzusetzen, die dann hoffentlich mit dem fünften Lebensjahr startet, weil Kinder heute dank der vielen Medien-, Reise- und Spielzeugeinflüsse und dank eines erhöhten Erziehungsbewusstseins ihrer Eltern im Schnitt ein Jahr früher schulreif sind als noch vor 25 Jahren.

- *Dickköpfe versuchen, die Erwartungen, Forderungen und Grenzen auszuloten und die eigenen Durchsetzungsmöglichkeiten auszutesten.*
- *Wenn das Kind mit Trotz einmal Erfolg hatte, setzt es diesen Trotz immer wieder ein. »Wehret den Anfängen!« muss daher das Motto der Eltern sein.*
- *Weglaufen und Suizidversuch sind oft Trotzreaktionen, ein Aufschrei, mit dem die eigene Lebenssituation verbessert werden soll.*
- *Es gibt Streber, die auf Kosten anderer ihr Ich aufrichten wollen, und hoch motivierte und leistungsstarke Schüler, die zu Unrecht gemobbt und gebremst werden.*
- *Wenn leistungsstarke Schüler mit schwächeren zu Erfolgsteams vernetzt werden, wenn die Mitschüler von den guten Schülern mittels Lernfamilien profitieren und wenn die Lehrer das Dilemma guter Schüler im Klassenverband problematisieren, schwindet das Risiko, dass einzelne junge Menschen als Streber stigmatisiert werden.*

Kinder sind nicht allein den Erwartungen, Forderungen und Grenzsetzungen ihrer Eltern und Lehrer ausgesetzt, sondern auch ihren eigenen. So gibt es junge Menschen, die sich selbst gelegentlich oder ständig unterfordern (zum Beispiel die Phlegmatiker) und solche, die sich manchmal oder permanent überfordern (beispielsweise die Workaholics).

Auch in ihrer Leistungsbereitschaft sind Kinder sehr individuell; da kann und sollte man nicht grundsätzlich massiv gegensteuern, allenfalls so viel, um das Kind ansatzweise vor misslichen Erfahrungen zu schützen.

Der individuelle Charakter der Kinder resultiert u.a. aus ihrem Erbgut, ihrem Temperament und den günstigen oder ungünstigen Erfahrungen während der Schwangerschaft der Mutter oder der Geburt. So werden die drei Trotzphasen der Kinder, mit jeweils etwa drei, sieben und 13 Jahren durchlaufen, von den Eltern entweder als harmlos oder als schlimm erlebt.

Das trotzige Kind erprobt die Wirkung seines Willens in Bezug auf den Widerstand seiner Eltern oder anderer Menschen; es setzt sich auf diese Weise aktiv mit den Anforderungen seiner mitmenschlichen und dinglichen Welt auseinander. Dabei geht es ihm um das Austesten von Grenzen, die entweder halten oder nachgeben.

Das Willens- bzw. Freiheitsbedürfnis ist oft so groß, dass destruktive Folgen in Kauf genommen werden. So werden auch die Puppe, das Spielzeugauto oder der Tisch so traktiert, dass das ansonsten geliebte Spielzeug hinterher zerstört ist, dass das Auto keine Räder mehr hat und dass der Tisch so wenig nachgibt, dass Selbstverletzung die Folge ist. Oder Mama wird angesichts der unangemessenen Forderung ihres Kindes böse, reagiert mit länger anhaltendem Liebesentzug oder gibt ihrem Sohn einen Klaps auf den Po. Diese deutliche Grenzerfahrung schützt aber oft genug nicht vor einer Wiederholung der Trotzreaktion: Wider besseres Wissen versucht das Kind, erneut seinen Dickkopf gegen den Willen der Mutter durchzusetzen, wohl wissend, dass das Resultat negativ sein wird. Dabei kommt es sehr auf die konsequente Deutlichkeit der Mutter an; ja, ihre Reaktion muss von Mal zu Mal vehementer werden, damit die notwendige Grenze auch wirklich hält. Das zu Trotz neigende Kind muss von Anfang an unter dem Motto »Wehret den Anfängen!« erleben: »An Mama komme ich nicht vorbei!« Denn wenn die Mutter unsicher wird, ob ihre Reaktion die richtige war und wiederholt werden sollte, ob sie nicht ihr Verhalten variieren oder ob sie gar nachgeben sollte, wird ihr Kind zum Weitermachen und zum Ausprobieren neuer Durchsetzungsstrategien ermuntert; es wird dann seine Neigung zum Trotz ausbauen.

Parallel zur deutlichen und vehementer werdenden Gegenwehr der Mutter sollte sie aber auch gleichzeitig Erfolgserlebnisse für das kindliche Verhalten organisieren. Denn das trotzige Kind braucht nicht nur Niederlagen in Bezug auf seine Trotzanfälle, damit es sich nicht an den Trotzmechanismus gewöhnt; es benötigt für eine stimmige innere Bilanz nach jeder Niederlage auch wieder einen Erfolg mit Lob, mit Zuspruch und Ermunterung und für die Durchsetzung erwünschter Verhaltensweisen. Das alles ist ein pädagogisch schwieriger Balanceakt, der Eltern von trotzigen Kindern nicht immer leicht fällt. Der größte Fehler ist bereits gemacht, wenn das Kind einmal Erfolg mit seinem Trotz hatte, weil dies zur Wiederholung des Verhaltensmusters verleitet, nach dem Motto »Es könnte ja vielleicht noch einmal funktionieren«.

Für Eltern bedeutet das aber gleichzeitig, dass sie sehr genau unterscheiden müssen, ob ein Kind beispielsweise eine nächtliche Schreiattacke aus Trotz initiiert oder ob es schreit, weil es Schmerzen bzw. Hunger hat oder weil es falsch oder durchnässt liegt. Aber Mütter spüren im Allgemeinen intuitiv und sogleich, was die wahre Ursache des Schreiens ist.

Trotzköpfe verweigern, was man von ihnen verlangt, auch wieder besseres Wissen. Sie nehmen ihr zusätzliches Leiden bewusst in Kauf, und zwar auch dann noch, wenn sie älter sind: »Der andere wird schon sehen, was er davon hat, wenn ich mein eigenes Leiden erhöhe; das kann ihm doch schließlich nicht egal sein, wenn er sieht, wie ich leide.« Die Erhöhung des eigenen Schmerzes wird vom Dickkopf bewusst in Kauf genommen, zum Beispiel um die Liebe des Gegenübers auf die Probe zu stellen. Dieser Zusammenhang gilt sogar noch, wenn ein Jugendlicher ausreißt oder wenn er einen Suizidversuch unternimmt, damit die Eltern sich Sorgen machen, verzweifelt sind und ihnen die Liebe zu ihrem Kind mehr denn je bewusst wird. Denn mit Weglaufen und mit dem Risiko eines vorgetäuschten Selbstmordversuchs oder mit dem im Tagebuch oder per Brief angekündigten Suizid wollen junge Menschen in der Regel mit verzweifeltem Trotz durchsetzen, dass sich entweder ihre Eltern fortan besser verstehen oder dass sie selbst dadurch ein Mehr an Beachtung, Anerkennung, Hilfe oder Entlastung, also ein besseres Leben als zuvor, gewinnen.

Neben den autoaggressiven Trotzköpfen gibt es aber auch die überehrgeizigen Kinder, die sich selbst ständig unter Überdruck setzen. Sie wollen ihren Eltern oder Lehrern extrem gut gefallen, in den Leistungs- und Anerkennungsrangordnungen gerne weit oben stehen und besser als andere abschneiden. Dafür nennen ihre Mitschüler sie dann »Streber«, »Schleimer« oder »Arschkriecher«, und sie müssen von ihren Lehrern eher gebremst als herausgefordert werden. Sie leben mit den Dilemmata, dass sie erstens nie zufrieden sind mit dem, was sie erreicht haben, und dass sie zweitens mit ihrer hohen Leistungsbereitschaft nicht nur Anerkennung, sondern auch Feindschaft erleben, weil sie »die Preise verderben«. »Streber« haben es in Schulklassen schwer: Sie wollen mehr schaffen, als sie tun, sie wollen mehr Anerkennung, als sie erhalten, sie wollen häufiger vom Lehrer angesprochen werden, als sie ohnehin »drankommen«, und sie müssen sich zugleich immer wieder bremsen und zurückhalten, um nicht von den Mitschülern mehr als erträglich gemobbt zu werden.

Die Selbstbeschneidung ihrer Leistungsbereitschaft hat demnach etwas Autoaggressives, so wie ihre Leistungswut ebenfalls schon im Ansatz autodestruktiv erscheint. Denn mit ihrer Rolle als Workaholic ist stets verbunden, dass ihre emotionale, soziale und leibliche Entwicklung teilweise auf der Strecke bleibt, so dass ihre innere Gesamtbilanz nicht stimmt und psychosomatische Erkrankungen – also beispielsweise vegetative Störungen, neurotische und psychotische Züge oder nervöse Tics – die Folge sein können.

Bei dieser Art von »Strebern« handelt es sich durchweg um normal begabte junge Menschen, die jedoch übermotiviert bzw. überehrgeizig sind; sie sind egozentrisch und wollen besser dastehen, als die objektive Situation es verlangt.

Die überehrgeizigen Schüler neigen dazu, sich Vorteile auf Kosten anderer zu erkämpfen; sie machen eventuell sogar andere Schüler schlecht, »verpetzen« sie, um selbst in einem besseren Licht zu erscheinen. Die Hamburger Grundschullehrerin Dietlind Schildt reagiert auf solche Kinder bereits vom ersten Schultag der 1. Klasse auf diese Weise: Wenn Lisa-Marie zu ihr mit dem Satz »Karl-Heinz hat mir die Federtasche weggenommen« kommt, entgegnet sie sofort: »Und was hast du getan?« Sehr schnell läuft sich dann die Bereitschaft zum Petzen tot; Anschwärzen wird reizlos und unterbleibt bald.

Stark motivierte, gut begabte, besonders leistungsfähige und zugleich sehr soziale Schüler werden hingegen oft zu Unrecht als »Streber« beschimpft, auch wenn sie ihren Mitschülern so erscheinen. Meistens ist Neid bei den Anklägern im Spiel, so dass der als »Streber« Titulierte nicht Mobbingtäter, sondern Mobbingopfer ist. Auch hier sind die Lehrer herausgefordert, damit eine gesunde Leistungswilligkeit nicht dauerhaft Schaden nimmt.

Lehrer sollten, wenn sie derartiges Mobbing mitbekommen oder durch Eltern davon erfahren, sofort das dahinter stehende Dilemma zum Gesprächsgegenstand im Stuhlkreis oder im Rahmen ihrer Klassenlehrerstunde machen. Sie tun gut daran, wenn sie den Vorfall oder die Vorfälle durch andere Kinder noch einmal als Rollenspiel veranschaulichen und dann nach Verhaltensalternativen und Bewertungen fragen. Was die Schüler an positiven Überwindungsstrategien vorschlagen, muss dann erneut vorgespielt werden, damit das Bewusstsein für die unterschiedliche Leistungsfähigkeit von Menschen als etwas Positives eintrainiert wird. Gleichzeitig können sie die besonders hohe Leistungsfähigkeit einzelner Schüler zum Nutzen anderer einsetzen, also den zuvor so genannten »Streber« mit schwächeren Schülern zu einer Aufgabenpartnerschaft vernetzen, damit die Mitschüler von den Fähigkeiten der guten Schüler so profitieren, dass sie diese fortan respektieren oder sogar als Vorbilder bewundern. Auch hierbei gilt das Motto »Wehret den Anfängen!«. Denn wenn ein Kind erst einmal in der Schublade mit der Aufschrift »Streber« liegt, kommt es da nur noch schwerlich heraus.

Schließlich benötigt unsere Gesellschaft ganz dringend hoch motivierte und leistungsstarke junge Menschen, deshalb dürfen sie nicht gebremst oder niedergemobbt, sondern müssen unterstützt werden, weil wir alle langfristig von ihnen profitieren, nicht zuletzt im Hinblick auf die Sicherung unserer Renten. Allerdings vergrößern stark leistungsbereite und -fähige Schüler die Leistungsbandbreiten von Schulklassen so, dass Lehrer damit überfordert und die sehr guten Schüler zugleich auf diese Weise ausgebremst werden könnten. Deshalb ist zu überlegen, ob man diese Schüler nicht mit ihresgleichen in Hochbegabten-, Spezial- oder Eliteschulen oder zumindest in »D-Zug-«, »Express-Abi-« oder »Turbo-Abi-Klassen«, die ein Jahr früher zum Abitur führen, versetzt. Damit bekommen die schwachen Schüler mehr Raum, und sie selbst werden intensiver herausgefordert und gefördert, als es in den Regelschulen möglich ist.

Alles in allem brauchen wir also ein buntes Schulwesen mit einer Vielzahl unterschiedlicher Schulprofile bzw. Schulprogramme mit musischen, naturwissenschaftlichen, mathematischen, technischen, fremdsprachlichen, internationalen, sportlichen und wirtschaftlichen Angeboten sowie Computerschulen und Hochbegabtenschulen, damit jedes Kind gemäß seiner jeweiligen Neigung und Begabung gefördert wird. Jedenfalls muss diese Vielfalt so lange ausgebaut werden, wie noch die Drei-Säulen-Belehrungsschule mit höheren und niederen Bildungsgängen existiert. Wenn wir es allerdings schaffen, die Belehrungsschule zur Lernwerkstatt mit Lernfamilien und den beschulenden Lehrer zum Lernberater zu wandeln, wenn die Kinder zu zweit über Handeln und Fehlermachen selbst lernen dürfen und selbst ihr Tempo, den Vertiefungsgrad und die Transferanwendung sowie die Reihenfolge und die Methode der Bewältigung ihrer Aufgaben bestimmen können, wenn Schüler das, was sie lernen sollen, auch dadurch lernen dürfen, dass sie es anderen erklären, weil sie es dann besonders gut verstehen, dann muss man nicht mehr unbedingt besonders leistungsstark und hoch motivierte Schüler ausgliedern. Denn dann werden die guten Schüler weder von ihren Mitschülern gebremst noch laufen sie Gefahr, von ihnen als »Streber« diskreditiert zu werden.

»Uhren und Kinder darf man nicht ständig aufziehen wollen, man muss sie auch gehen lassen.«

- *Nur wenn Eltern ihren Kindern zweckfreie Freiräume überlassen, können die jungen Menschen zu sich selbst finden und ihre Kräfte sowie ihre Kreativität richtig entfalten.*
- *Das Gehenlassen ermöglicht unbestraftes Fehlermachen, über das am meisten für die Zukunft gelernt wird.*
- *Am japanischen Bildungswesen lassen sich die schlimmen Folgen eines mangelnden Gewähren-Lassens ablesen.*
- *Eltern befürchten, in den Phasen des Lassens Macht und Kontrolle zu verlieren, doch wer Kinder nicht auch gehen lässt, macht aus ihnen unmündige Untertanen.*

Der romantische Dichter und Hauslehrer Jean Paul, der ein sehr guter Erzieher seiner eigenen Kinder war, hat schon vor fast 200 Jahren völlig richtig festgestellt: »Habt keine Freude am Ge- und Verbieten, sondern am kindlichen Freihandeln! Zu häufiges Befehlen ist mehr auf die elterlichen Vorteile als auf die kindlichen bedacht.«

Was er damit beklagt, war in obrigkeitsstaatlichen Gesellschaften allzu weit verbreitet und existiert heute noch, ja, es nimmt leider mit dem Überehrgeiz eigentlich wohlmeinender Eltern im Rahmen unserer beschäftigungsärmer werdenden Gesellschaft wieder zu. Karriere, zukünftiger Erfolg und Lebensstandard, der wiederentdeckte hohe Leistungsbegriff sowie Fordern und Fördern haben in einer Weise wieder an Bedeutung gewonnen, dass immer mehr Eltern ihre Kinder unter einen allzu hohen Erwartungsdruck stellen und dass die Kinder sich selbst unter Druck setzen. Sie wollen nicht mehr allzu lange Kind sein, sondern früher denn je erwachsen werden. Die gesunde Bilanz zwischen zielorientierten Leistungs- und zweckfreien Entspannungsphasen entwickelt sich leider immer mehr in Richtung generellen Stress, was bedeutet, dass viel zu viele Kinder viel zu viele Versagenserlebnisse haben und kaum noch Muße finden, aufzutanken und ihre innere Balance wiederherzustellen. Kein Wunder, dass sie unglücklich werden und mit Störungen reagieren. Immer schneller, immer mehr, immer höher und immer weiter sind für immer mehr Menschen die Orientierungsmarken – so wie im Sport, bei den Aktien und beim Geldverdienen, aber auch beim Arbeiten. In diesem Sinne soll auch die Zukunft von Kindern immer früher und immer weitreichender vorentschieden werden. Besonders unter Druck geraten hier die japanischen Kinder, die in ein Bildungswesen geraten, das keine Abschlussprüfungen der jeweiligen Schulstufen kennt, sondern nur Aufnahmeprüfungen. Der

Stress ist also bei ihnen um die Dauer einer Bildungsstufe vorverlagert. So muss man schon vieles können, um in einen bestimmten Kindergarten zu kommen, der die Voraussetzung dafür ist, dass man Aufnahme in einer bestimmten Schule finden kann, und die muss man wiederum besucht haben, um Einlass in eine bestimmte Hochschule zu erlangen, und wenn man dort nicht war, kann man nicht den erwünschten Beruf in dem favorisierten Betrieb ergattern. Also gibt es vor den Kindergärten bereits so genannte Kumon-Schulen, in denen Kinder, die noch nicht einmal richtig laufen können, schon mit Mathematik und Englisch gequält werden. Ein derart mußeloses und Kindheit überspringendes Bildungswesen hat so mörderische Auswirkungen, dass Japan gemeinsam mit Südkorea und Singapur, wo es ähnlich abläuft, die weltweit höchsten Schülersuizidraten zu verzeichnen hat. Insbesondere Jungen sind betroffen, die unter einem noch höheren Karrieredruck seitens der Eltern stehen als die Mädchen.

Eine japanische Lehrerin hat deshalb beklagt, dass Kinder, die schon vor dem Laufenlernen Mathe und Englisch lernen mussten, noch mit 13 Jahren dadurch auffallen, dass sie sich nicht selbst die Schuhe zubinden können, weil Mama das immer für sie tut, und dass sie bei der allergeringsten Niederlage oder Ermunterung bereits zu weinen anfangen.

Leider beginnen nun auch in Deutschland Kumon-Schulen und andere private Frühförderinstitute ihr Unwesen, weil es parallel zum gesteigerten Erwartungsdruck vieler Eltern mittlerweile einen guten Markt dafür gibt. Seelisch verkrüppelte Früherwachsene, die erst neun Jahre alt sind und massenhaft Probleme sich selbst, ihren Eltern und ihren Lehrern bereiten, sind das nicht seltene Resultat einer solchen gut gemeinten, aber schlecht verstandenen Pädagogik. Wüssten Eltern, wie sich Kinder von innen anfühlen, würden sie folgendem, auch von Jean Paul formuliertem Satz zustimmen: »Uhren und Kinder darf man nicht ständig aufziehen wollen, man muss sie auch gehen lassen.«

Gut erzogene, pflegeleichte und verhaltensunauffällige junge Menschen im Alter von 19 Jahren erlauben uns den Rückschluss, dass sie Eltern hatten, die ihre Kinder auch mal gehen ließen. Dieses Lassen ist notwendiges Gegengewicht zum Fordern. Beides muss in einen harmonischen Einklang gebracht werden: Wer zwei Stunden konzentriert gearbeitet hat, darf beispielsweise zwei Stunden völlig selbstbestimmt spielen. Wer einen Nachmittag mit seinen Eltern verbracht hat, darf dann den nächsten bei seinen Freunden sein, wer zwei Stunden an seinen Schularbeiten saß, darf danach zwei Stunden draußen Kickboardfahren oder Inline-Skaten. Wer zwei Stunden Klavierunterricht hinter sich hat, darf danach zwei Stunden Rap-Musik hören usw.

Eltern fällt es oft schwer, Macht, Kontrolle und Zweckbestimmung aus der Hand zu geben; der junge Mensch benötigt aber elternmachtfreie, kontrolllose und zweckfreie Selbstbestimmungsphasen, er braucht auch ein Ausleben gegenwärtiger Bedürfnisse, weil er sonst nicht kreativ genug werden kann. Dass japanische Kinder so lückenlos und absolut nicht kindgerecht in ihre Zukunft hinein verplant werden, hat auch wirtschaftliche und gesellschaftliche Auswirkungen: Japaner waren immer perfekte Nachbauer und Nachahmer von Autos, Motorrädern und Computern, aber auch von abendländischer Musik und Mode. Aber für Kreativität haben sie nicht einmal ein Wort in ihrer Sprache gehabt. Unlängst kam deshalb eine Gruppe japanischer Wissenschaftler nach Deutschland, allein um die Fragen beantwortet zu bekommen: »Was ist eigentlich Kreativität?«, »Was kann man mit ihr bewirken?«, »Wie fördert man sie?« und »Welche Nachteile hat sie?«

Wenn man Kinder nicht auch lässt, können sie nicht zu sich finden; sie setzen dann im Wesentlichen nur die Erwartungen ihrer Eltern, Trainer, Kindergärtnerinnen und Lehrer um, und damit werden sie zu Untertanen. Das Lassen ist deshalb so wichtig, damit Kinder über unbestraftes Fehlermachen ihre Kräfte und ihre Kreativität entfalten können, damit sie Irrwege ausprobieren können, über die ihre Selbstverantwortlichkeit wächst und aus denen sie viel besser für ihre Zukunft lernen als von »vorgefertigter Kost«. Denn wer selbst kocht, kann am Ende besser kochen als der bloße Konsument von Fertiggerichten oder als der denkbar kundigste Genießer von Gourmet-Restaurants, der aber nie selbst in einer Küche steht.

Spielen ist das Gegenstück zum verplanten Lernen; aber Spielen ist auch Lernen im Umgang mit Dinglichem und Mitmenschlichem. Insofern fördert das Lassen auch die soziale und die kommunikative Kompetenz neben der leiblichen Stärkung. Die Frage ist, ob dieser Zusammenhang irgendwann einmal auch den allzu vielen gut meinenden, aber zugleich stets besser wissenden Eltern überzeugend deutlich gemacht werden kann. Denn leider glauben immer noch viele Eltern, Spiel, Spaß und Musisches, Projektunterricht, Wandertage und Klassenfahrten, eine Kuschelecke, Psychomotorik und Ernährung haben nichts in der Schule zu suchen, würden vielmehr zu viel Zeit kosten, die besser für Mathematik und Orthographie verwendet würde. Doch das Gegenteil ist der Fall.

Kinder müssen auch mal zurückgehen können, um wieder von vorn anfangen zu können, so wie sie es bei einem Computerspiel dürfen. Denn wer nicht rückwärts gehen darf, kann es am Ende auch nicht mehr; das sagen uns die Psychomotoriker, die mit dem Training von Rückwärtsgehen erfolgreich Rechenschwäche therapieren. Kinder, die nicht in der Lage sind, rückwärts zu gehen, können meist auch nicht gut rückwärts rechnen, also subtrahieren und dividieren. Nostalgie in diesem Sinne ist also auch ein notwendiges Gegengewicht gegen den allzu stark in die Zukunft gerichteten Blick so mancher Mutter und so manchen Vaters.

- *Müßiggang ist überdosierte Muße; Muße ist jedoch unentbehrliche Voraussetzung für Stressstärke.*
- *Alternativer Stress kann mußevoll sein.*
- *Wir müssen Kindern die instinktiv vorhandene Fähigkeit erhalten, zwischen Stress- und Mußephasen hin- und herzupendeln.*
- *Singularisierung ist eine Form von Suche nach Muße.*
- *Singles müssen nicht einsam sein, sie verstehen aber Alleinsein als Freiheit zur Selbstbestimmung.*
- *Für Kinder kann Aktivität Muße und passive Bewegungslosigkeit Stress sein.*

Muße ist gut, aber Müßiggang ist schlecht. Muße braucht jeder Mensch dann und wann zum Abspannen und zur seelischen Regeneration, sie ist die Voraussetzung für das Aushalten und die unentbehrliche Unterbrechung von Stress. Während Muße also die richtig dosierte Stressfreiheit ist, ist Müßiggang die überdosierte Muße, die Faulheit, das Phlegma, die Antriebsarmut. Allerdings kann Muße auch Stress sein, und zwar wenn sie in Langeweile ausartet oder wenn man darüber eigentlich unglücklich ist, dass man in seinem Tun nicht weiterkommt. Es gibt aber auch alternativen, entspannenden Stress: Manche Menschen entspannen sich gut, wenn sie den Arbeitsalltag mit sportlichem Stress unterbrechen oder mit dem Stress, der beim Basteln, bei der Gartenarbeit oder beim Ansehen eines spannenden Krimis entsteht. Wieder andere brauchen am Feierabend und am Wochenende den Stress ihrer politischen Arbeit oder ihrer Tätigkeit als Verbandsfunktionär. Viele Menschen können sich außerdem im Urlaub nicht mehr einfach dem Nichtstun hingeben, sondern setzen ihren anstrengenden Arbeitsalltag insofern fort, als sie Berge besteigen, Wildwasserfahrten unternehmen oder gar den Atlantik mit einem Segelboot oder Floß überqueren. Aber bei ihnen stimmt dann auch meistens etwas mit der Entspannungsfähigkeit nicht.

Kinder können noch ganz instinktiv Stress- und Mußephasen in ein gesundes Gleichgewicht bringen, sie holen sich ihr benötigtes Ausmaß an Ablenkung und Entspannung. Muße muss dabei für sie nicht Bewegungslosigkeit und Beschäftigungslosigkeit bedeuten. Mit ihrem höheren motorischen Potenzial und ihrem Spiel- und Handlungstrieb ist Muße für sie oft sogar bewegungs- und beschäftigungsreicher als das stressreiche passive Herumsitzen und Zuhörenmüssen in der Schule und das stundenlange Sitzen an den Hausaufgaben.

Denn Stress ist nicht gleich Stress. Es gibt solchen, unter dem man leidet, der auslaugt und zermürbt, weil er von Unlust oder aber auch von überwiegender Erfolgslosigkeit bzw. von dauerhaftem Mobbing durch Arbeitskollegen oder Mitschüler bestimmt ist; und es gibt Stress, der froh macht, der mit freudiger Selbstverwirklichung verbunden ist. Ja, Stress ist sogar hin und wieder lebensnotwendig, weil er zeigt, dass man gebraucht wird, dass man nützlich ist. Er hält den Geist in Schwung, befreit die Seele von depressiven Verstimmungen und hält jung. Wenn es keinen – positiven – Stress mehr gibt, wächst der Stress, der aus Langeweile und dem Gefühl des Überflüssigseins sowie der Sinnlosigkeit gespeist wird. Er kann dann sogar zum »Pensionstod« führen, der so viele Menschen, die kein ausgefülltes Freizeitleben haben, frühzeitig ereilt.

Kinder brauchen Stress, um leistungsfähig zu werden, sie brauchen gelegentlich auch Prüfungsangst, um zu lernen, mit Extremsituationen besser klarzukommen, vorausgesetzt sie haben danach auch wieder Möglichkeiten zur Muße. Leider gibt es Lehrer, die es nicht ertragen können, wenn ihre Schüler nicht pausenlos einem Programm unterworfen sind, so wie es Urlauber gibt, die ohne Animateure nichts mit ihrer Urlaubszeit anzufangen wissen, die also eigentlich freizeitunfähig sind. Wenn also beispielsweise eine 9. Hauptschulklasse eine Klassenfahrt in ein Schullandheim nach Sylt unternimmt und nun bei schönstem Wetter am Strand vor sich hin »gammelt«, dabei allerdings keineswegs unglücklich ist, weil die Schüler im Sand miteinander kommunizieren, flirten und ihre Zukunftsträume austauschen, dann gibt es dennoch Lehrer, die meinen, sie müssten gegen dieses »Gammeln« sofort ein Volley- oder Beachballturnier oder ein Geländespiel organisieren. Sie halten die mußevolle Zufriedenheit ihrer Schüler für bedenklich, obwohl das Klassenleben davon äußerst positiv profitiert, obwohl dadurch vielleicht Außenseiter integriert werden und die in der Rangordnung oben stehenden Mitschüler einmal von ihren guten Seiten erleben und schätzen lernen können.

Übrigens, wenn Kinder sich streiten, wenn sie im Supermarkt einen Schokoriegel mitgehen lassen, wenn sie sich prügeln, wenn sie lügen, wenn sie viel später nach Hause kommen, als ihre Eltern erlaubt haben, wenn sie aus Anlass einer Party ausprobieren wollen, wie lange sie es schaffen, wach zu bleiben, wenn sie sich einer Jugendbande anschließen, um sich mit der Polizei oder mit einer anderen Straßenbande zu prügeln, wollen sie Stress. Sie suchen dann den Reiz des Verbotenen, sie wollen den riskanten Grenzübertritt als stressreiches, aber lustbetontes Abenteuer wagen, die Mutprobe bestehen, die Schmerzen aushalten, um sich selbst in ihren Möglichkeiten und körperlichen sowie mentalen Grenzen zu erfahren und um zu erleben, wie die anderen Menschen auf ihr Verhalten reagieren. Sie testen damit ihre eigene Stressfähigkeit bewusst aus; das hat durchaus narzistische Züge.

Sie wollen am selbst gewählten Stress wachsen, so wie bei ihrem Rugbyspiel, ihrem waghalsigen Skateboardfahren, ihrem Kickboxen im Verein oder – ganz extrem – beim S-Bahn-Surfen oder beim Ausüben von Satanskult-Ritualen und etwas weniger mutig beim Piercen, beim Tätowieren oder beim Aushalten der

Blicke, wenn sie als Punk, als Gruftie oder als Skinhead durch die Straßen ziehen. Ihr kindlicher Narzissmus ist dabei nicht nur von gewünschtem Stress begleitet, sondern auch von einem den Stress erhöhenden Exhibitionismus, mit dem sich das Ich bewähren kann, mit dem die Wirkung des Ichs auf andere zurückgespiegelt wird und mit dem die eigene Position in den vielen großen und kleinen Rangordnungen unserer Gesellschaft geortet und auch im Sinne von Aufstieg verändert werden soll.

Nach solchen Stressextremen sind dann aber auch wieder Mußephasen zur Wiedergewinnung der inneren Balance nötig. Da kann es passieren, dass ein junger Mensch nach einem aufregenden Erlebnis nach Hause kommt und besonders lieb zu seiner Familie ist, was sonst nur selten bei ihm vorkommt. Das Bedürfnis nach familiärer Harmonie, gepaart mit der für seine Mutter ungewohnten Mitteilsamkeit und Gesprächsfreudigkeit, die Suche nach Nähe, Emotionalität und vielleicht sogar schmusendem Körperkontakt sind ein Resultat des zuvor erlebten außergewöhnlichen Stresses. Für seine Eltern bleibt dieser Verhaltenswandel jedoch ein Rätsel, weil sie überhaupt nicht ahnten, dass ihr Sohn beispielsweise als S-Bahn-Surfer auf der Suche nach dem entscheidenden Lebenskick ist.

Wenn es sich hingegen um erlaubten Stress handelt, dann neigen junge Menschen eher dazu, sich zum Ausgleich danach ganz zurückzuziehen, und zwar umso deutlicher, je älter sie sind. Sie schließen sich eventuell stundenlang in ihr Zimmer ein, reagieren nicht auf das Klopfen und Rufen ihrer Mutter, hören bloß auf dem Bett liegend Musik, lesen oder kommunizieren mit dem Computer und dem Internet oder entspannen sich an ihrer Spielkonsole. Sie wollen dabei auf keinen Fall gestört werden, sie betreiben Muße als »Cocooning«, bauen also vorübergehend einen Kokon um sich herum auf. Dieser zeitbegrenzte totale Rückzug wird von Eltern oft als Beleidigtsein interpretiert, zumal wenn es sich ansonsten um sehr kommunikative junge Leute handelt. In Wirklichkeit verbirgt sich hinter diesem Rückzug in das eigene Schneckenhaus nur ein vorübergehend starkes Mußebedürfnis, das den ansonsten starken Stress des Alltags kompensieren soll.

Immer mehr Menschen haben in unserer immer schnelllebigeren, auf dem Wege in die Globalisierung sich immer stärker vernetzenden Wettbewerbs- bzw. Ellenbogengesellschaft zunehmenden Stress auszuhalten. Jede kleine Lebenswelt nur eines einzigen Tages berührt die Grenze des Aushaltbaren: Stress gibt es beim Stau im Straßenverkehr, bei der dadurch bedingten Verspätung am Arbeitsplatz, mit der Bedrohung des Arbeitsplatzes durch Abwicklung, Rationalisierung, Umstrukturierung oder Weiterbildung, durch Mobbing im Büro, beim Einkaufen im Supermarkt, beim Warten in der Schlange vor der Kasse, beim Nachhausekommen, wenn die Rechnungen aus dem Briefkasten geholt werden, wenn Meldungen über schlimme Katastrophen aus entfernt gelegenen Regionen in Sekundenschnelle per Bildschirm bis ins Schlafzimmer transportiert werden und selbst wenn man in den Urlaub fliegen will und mit 400 anderen Menschen fünf Stunden auf eine verspätet eintreffende Maschine warten muss, in der man dann viel zu eng sitzend acht Stunden nach Costa Rica fliegt, während links von einem ein Mann schnarcht und rechts ein Baby weint. Da wollen viele Menschen sich eine zusätzliche Stresswelt, nämlich die der Familie, ersparen. Sie wollen nach ihrem Job die Tür hinter sich zumachen und ganz allein entscheiden, was sie dann tun. Singularisierung nennen wir das, und wir meinen damit den Rückzug in die Vereinzelung, die nicht einsam machen muss, aber Alleinsein und Freiheit zur selbst bestimmten Kontaktaufnahme mit anderen Menschen zu selbst gewählten Zeiten ermöglicht. Das wachsende Bedürfnis nach Muße als Gegengewicht zum allgemein zunehmenden Stress ist also mit verantwortlich für das aktuelle Phänomen des Familienzerfalls.

Aber gleichzeitig entstehen zum Glück neue familienersetzende Strukturen auf freundschaftlicher Ebene, auf kommunikativer Basis, über das Internet, im Urlaub, beim Sport, in der Disco, auf Partys, in der Nachbarschaft, über wechselnde Partnerschaften und im Rahmen von Wohngemeinschaften auf Zeit. Kinder haben auf diese Weise immer häufiger wechselnde Mütter und Väter, viele Väter nacheinander oder sechs Eltern zugleich. Das muss nicht zwangsläufig schlimm sein, sondern kann ihnen sogar wesentlich besser bekommen als herkömmliche Familienstrukturen.

Wie stelle ich mich auf besondere Interessen meines Kindes ein?

- *Besondere Begabungen und Interessen ergeben sich aus dem Erbgut, oder sie werden durch Anregungen geweckt. Manchmal werden sie dem Kind übergestülpt, oder das Kind kompensiert mit ihnen Versagenserlebnisse in anderen Leistungsbereichen.*
- *Besondere Interessen müssen in ein unverzichtbares Fundamentum anderer Leistungsanforderungen sinnvoll eingeordnet werden.*
- *Spezialinteressen können für große Lebenszufriedenheit sorgen.*
- *Werden die Spezialinteressen im Kind ausschließlich von den Eltern geweckt und gestaltet, bleibt das Kind oft auf der Strecke; wir nennen das den »Jennifer-Capriati-Effekt«.*
- *Spezialinteressen eines Kindes erfordern erhebliche Ausgleichsbemühungen der Eltern gegenüber den Geschwistern des Kindes.*

Kinder haben das Recht, unterschiedlich begabt und verschieden interessiert zu sein. Jeder Mensch hat ein nur ihm eigenes Begabungs- und Motivationsprofil, das wie die Gipfel und Täler einer Gebirgskette aussieht. Die individuelle Leistungsfähigkeit ist dabei zum Teil genetisch, zum Teil biographisch bedingt, und sie korreliert mit konkreten Lebenserfahrungen, mit Erfolgen und Niederlagen sowie mit zufälligen Anregungen und mitreißenden Effekten konkreter Bezugspersonen und Lehrer.

Lehrer haben manchmal eine Vorbildfunktion, wenn sie sich selbst für Mineralien, Versteinerungen, Farne oder Reptilien interessieren. Andererseits interessieren sich viele Kinder gerade nicht für das Hobby des Vaters, das in hohem Maße das Familienleben bestimmt und beeinträchtigt. Sie wollen etwas Eigenes haben, für das nur sie kompetent sind und gehen damit auf Distanz zu ihrem Vater oder auch zu ihren Geschwistern.

Es kann jedoch auch sein, dass junge Menschen einen bestimmten Leistungsbereich wegen zu häufiger Niederlagen ganz für sich abwählen und ihre Interessen gegensätzlich ausbauen. So wissen wir, dass Legastheniker oft in Mathe gut sind, dass sprachschwache Menschen Technikinteressen verstärken, dass sportlich schwache Schüler musische Begabungen ausbauen und dass insgesamt schlechte Schüler gute Sportler sein können. Und wer eigentlich auf keinem Sachgebiet leistungsfähig ist und nicht einmal gut Fußball spielen kann, will wenigstens ein guter Klassenkasper, ein erfolgreicher Schläger, ein brillanter Lügner oder ein geschickter Dieb sein.

Wenn Kinder jedoch einseitig ihre Motivationen in nur einen Leistungsbereich verlagern und sie dort extrem vertiefen, kann das auf Kosten des gesamten Schulerfolgs gehen. Das gilt für bestimmte Personen, das kann aber auch grundsätzlich sein, indem auf Dauer nur noch Zierfische, Archäologie, Astronomie, der Umgang mit dem Computer oder – bei einer Leseratte –Harry-Potter-Bücher und – bei einem Fußballfan – die Bundesliga wichtig sind oder das Musikinstrument, in das man verliebt ist und das man so wunderbar beherrscht.

Extreme Interessen sind generell zu bejahen, weil aus ihnen Experten entstehen, die unsere Gesellschaft dringend benötigt, und weil sie dem Einzelnen durchweg eine hohe und lebenslange Sinnhaftigkeit und Lebenszufriedenheit verschaffen. Bei Kindern, die unbedingt eine fundierte Allgemeinbildung als Ausstattung für ihre Lebenstüchtigkeit und ihre Zukunft brauchen, müssen Eltern und Lehrer jedoch eher aufpassen, dass das sich spezialisierende Interesse nicht auf Kosten anderer völlig unverzichtbarer Leistungsbereiche geht. Also muss die Mutter eines überzeugten Terrarienfreaks oder eines begnadeten Geigenvirtuosen schon darauf achten, dass die Hausaufgaben bewältigt werden, dass für die Klassenarbeiten gelernt wird und dass die Englischvokabeln einstudiert und abgehört werden. Kinder mit Spezialinteressen müssen also vor Einseitigkeiten in ihrer Lernbereitschaft geschützt werden, weil sie noch nicht ausreichend um die Risiken eines späteren Scheiterns, mit dem dann auch die weitere Verfolgung ihres Spezialinteresses auf der Strecke bleiben kann, wissen.

Spezialinteressen sollten also einerseits nicht unterbunden, sondern eventuell durchaus gefördert werden, andererseits müssen sie in die Gesamtheit sonstiger Lebensbezüge sinnvoll eingeordnet werden, und zwar mit Zustimmung des jungen Menschen, der durch gute Argumente überzeugt werden muss.

Besondere Interessen eines Kindes können für die übrigen Familienmitglieder sowohl anstrengend als auch teuer werden. Dabei gibt es Vorlieben, für deren Umsetzung das einzelne Kind selbst sehr viel Zeit, Platz, Ruhe und Geld fordert, es gibt aber auch Interessen, die von den Eltern geweckt, gesteuert, ausgebaut und mit hohem finanziellen Aufwand bis an die Grenze des Möglichen gefördert werden. So mancher Vater, der selbst ein erfolgreicher Fußballer oder Moto-Crosser war, wünscht sich nichts sehnlicher, als dass sein Sohn diese Karriere fortsetzt; also wird enorm in den Verein, in die Ausstattung, in Reisen und Trainingslager investiert; die Eltern begleiten ihren Filius überall hin zur Ausübung des ihm aufokroyierten Sportes, und zwar schon vom fünften Lebensjahr an, und zahlen Unsummen für Motorräder, Monturen, Benzin, Startgelder, Fachzeitschriften, Reisen in Fahrerlager und Moto-Cross-Schulen. Viele Eltern verschulden sich auf diese Weise über Jahre, weil entweder sie dieses Hobby mehr für sich als für ihr Kind wollten oder weil das Kind diese Wünsche äußert.

Wir kennen die traurige Aufopferung der Kindheit durch die überehrgeizige Initiierung eines Spezialinteresses aber auch in der Form, dass die Eltern z.B. selbst keine guten Tennisspieler waren, dass sie aber aus ihrem Sohn oder ihrer

Tochter durch extreme Forderung und Förderung einen Boris Becker, eine Steffi Graf oder eine Jennifer Capriati machen wollen.

Am Beispiel der dann eines Tages völlig in den Drogensumpf abgestürzten Jennifer Capriati, die zuvor von ihrem Vater in eine mörderische Karriere geradezu hineingeprügelt worden war, ist deutlich geworden, wie schrecklich ein derart auf ein Spezialinteresse ausgerichtetes Leben geraten kann, auch weil das Opfer dann am Ende nichts anderes mehr kann als Tennisspielen und, wenn das nicht mehr funktioniert, depressiv wird.

Leider gibt es Ähnliches auch zu berichten, wenn Kinder mit aller Gewalt und mit hohem Aufwand zum Abitur getrieben werden, wenn man ihnen eine Karriere als Balletttänzer oder Reiter verpassen will, wenn sie zu einem Skiass geformt werden oder perfekt Klavier spielen sollen. Neurosen, Psychosen, nervöse Tics, Drogenmissbrauch, Depressionen oder andere psychogene Krankheiten sind dann nicht selten die Folge dieser einseitigen Zwänge, wobei die Eltern einen größeren Anteil an dieser Fehlentwicklung haben als das Kind.

Nun gibt es aber auch die Fälle, bei denen nicht die Eltern der Motor, sondern eher Opfer sind. Das Kind erweist sich hier als einseitig motiviert und leistungsfähig. Es hat ein außergewöhnlich hohes musikalisches, sportliches, naturwissenschaftliches oder fremdsprachliches Talent, oder es interessiert sich ungewöhnlich stark für Chemie, für Theater, für Elektronenmikroskope, für Briefmarken oder für Computertechnik, und zwar deutlich anders und mehr als seine Geschwister. Dann wird die elterliche Haushaltskasse oft auf eine Weise belastet, dass für die anderen Kinder in der Familie nicht mehr viel übrig bleibt. Der hoch begabte Sohn muss dann für 4.000 Mark im Monat auf ein Hochbegabteninternat, oder für die Tochter muss schon früh eine exquisite Schauspielschule gefunden werden, oder das Computerinteresse des Sohnes frisst fast das gesamte Ersparte auf. Hierbei sollten Eltern dann abwägen, Kompromisse finden, um Zustimmung der etwas magerer versorgten Geschwister ringen, eventuell Kredite aufnehmen oder die Großeltern um Unterstützung bitten, wenn sie nicht einen außerfamiliären Sponsor finden.

Dabei ist es gewiss falsch, allen Ausstattungs- und Förderungswünschen des überdurchschnittlich begabten Kindes nachzugehen, denn Askese, Verzicht, Ansparen und das Fortkommen mit kleinen Schritten müssen auch akzeptiert und gelernt werden. Für die Geschwister sollte stets ein Ausgleich gefunden werden, der vielleicht sogar nichtmaterieller Art ist und aus liebevoller Zuwendung und viel Zeit bestehen kann.

Unrealistisch ist es zu empfehlen, der junge Mensch solle erstens mit dem in Deutschland üblichen Durchschnitt von 52 Mark Taschengeld pro Monat im Alter von sechs bis 17 Jahren auskommen, weil beispielsweise eine spezielle Musikausbildung sehr viel teurer ist, und zweitens solle er sich das erforderliche Geld für sein Hobby selbst verdienen. Denn meistens bleibt über den Zeitaufwand für Schule, Hobby und Spezialausbildung hinaus keine einzige Stunde mehr frei, um durch Babysitten, Blumenaustragen, Gartenarbeit oder durch Hilfsarbeiten im Supermarkt oder an der Tankstelle ein paar Mark selbst beisteuern zu können.

- *Manche hoch begabt wirkenden Kinder sind in Wahrheit nur früh- oder gut geförderte Kinder.*
- *Neben Hochbegabten gibt es Frühbegabte, eidetische Begabungen, Tonbandgedächtnisse, geniale Idioten und einseitig Begabte.*
- *Hochbegabte zeigen oft soziale Defizite; sie haben vielfach Spezialinteressen, sind neugierig und wissenshungrig, wirken hyperaktiv und fallen durch ein geringes Schlafbedürfnis auf.*
- *Hochbegabte müssen ihr Defizit an Kontakten zu Gleichaltrigen entweder durch Vernetzung mit ihresgleichen kompensieren können, oder sie müssen im Rahmen von Lernwerkstätten mit Lernfamilien als Lern- und Erzieherhelfer Anerkennung bei ihren Mitschülern dadurch gewinnen, dass sie ihnen bei der Lösung von Lernproblemen helfen.*
- *Eltern sollten die Spezialinteressen von Hochbegabten, so gut es geht, unterstützen und fördern.*
- *Viele hoch begabte Kinder haben eine besonders enge Mutterbindung, sie sind deshalb keine idealen Internatsschüler.*

Schon vor sehr vielen Jahren hat der damalige Bundesaußenminister und FDP-Vorsitzende Hans-Dietrich Genscher »Elitebildungseinrichtungen« für besonders begabte Menschen in Deutschland gefordert, und zwar analog zu den »Spezialschulen« in der DDR, in denen talentierte junge Menschen gezielt gefördert wurden. So gab es dort Schulen für Mathematik, für Musik, für Naturwissenschaften, für Schach und verschiedene Sportarten. Hinter der Forderung Genschers stand die Vermutung, besonders begabte Schüler würden in den Regelschulen eher gebremst als gefördert.

Etwa 350.000 Schüler in Deutschland gelten als hoch oder besonders begabt; sie haben einen Intelligenzquotienten (IQ) über 130 und sind damit entweder im nahezu gesamten schulbezogenen Leistungsprofil oder zumindest in einigen Fächern oder in einem einzigen Fach außerordentlich talentiert. Darüber hinaus gibt es früh begabte Kinder, die nur in den ersten Lebensjahren als sehr weit entwickelt auffallen; früh geförderte Kinder, die dank ihrer Eltern besonders weit, aber ansonsten normal begabt sind; Kinder mit einem »Tonbandgedächtnis«, die auch nach längerer Zeit nur einmal gehörte Sätze, Verse, Zahlen oder Formeln exakt und eventuell sogar rückwärts wiederzugeben vermögen; Kinder mit eidetischer Begabung, die ihnen erlaubt, einmal in einem Bruchteil einer Sekunde wahrgenommene optische oder akustische Reize später mittels eigener zeichnerischer, graphischer oder kompositorischer Entwürfe wieder abzurufen; und »geniale Idioten«, die an sich minderbegabt oder in ihrer Gesamtleistungsfähigkeit erheblich beeinträchtigt sind, die aber in einem winzigen Ausschnitt ihres Begabungsprofils hoch leistungsfähig sind, wie beispielsweise in dem Film »Rain Man« beschrieben. Dort kann der Protagonist weder lesen noch schreiben, aber spielend mit Zahlen oder weit zurückliegenden Kalenderdaten operieren und verblüfft damit seine Umgebung.

Der IQ von 130 wird auch »Genieschwelle« genannt, und die Kinder, die im Wert darüber liegen, müssen oft mit der Kategorisierung »Wunderkinder« leben, obwohl ihr Leben und das ihrer Eltern im Allgemeinen wahrlich nicht einfach ist.

Die Nichtentdeckung oder Nichtförderung von Hochbegabung birgt erhebliche Gefahren in Bezug auf Persönlichkeitsentwicklung und Schulerfolg, weniger allerdings im normalen Alltagsleben, denn Hochbegabte wissen sich meist außerhalb der Schule ganz gut zu behaupten und durchzusetzen, obwohl sie nur selten Spitzenjobs in der Gesellschaft erreichen.

Für die Höhe der menschlichen Intelligenz sind mindestens 20, wahrscheinlich jedoch über 100 Gene verantwortlich. Ihre Kombination führt bei der Mehrzahl der Menschen zu einem IQ um 100, bei einige wenigen, oft auch durch Krankheiten oder andere traumatische Lebensereignisse während der Schwangerschaft, der Geburt oder der ersten Lebensjahre bedingt, zu einem IQ unter 90 (lernbehindert) oder unter 75 (geistig behindert). Äußerst selten ist ein IQ zwischen 180 und 200.

Hoch begabte Kinder sind am Beginn ihres Lebens manchmal autistisch, sie schließen sich also von Umweltreizen teilweise oder ganz ab und können dann nur über die wenigen Kanäle zur Umwelt, die der Körper unbedingt verlangt (Nahrung, Hautkontakte), erreicht und zur Umweltsensibilität erzogen werden.

Die meisten Hochbegabten fallen aber dadurch auf, dass sie früher geistig weiter sind als andere Kinder. Sie reden schon mit drei Jahren ihren Eltern »Löcher in den Bauch«, stellen hoch komplizierte, fast philosophische Fragen, die kaum jemand beantworten kann, haben häufig ein großes Bewegungs- und Erkundungsbedürfnis und sind sprachlich, rechnerisch und auch raumvorstellungsmäßig ihren Altersgenossen deutlich voraus. Sie interessieren sich früh intensiv für Pflanzen, Tiere, Sterne, Bilderbücher, Lexika, Tabellen, technisches Spielzeug, Steine, Geographie, manchmal auch für Fremdsprachen und die Musik, nicht immer allerdings für Sport und für Soziales sowie für Politik.

Hochbegabte wirken mit ihrer extremen Neugier und ihrem Wissensdurst unermüdlich und überaktiv, obwohl sie nicht wirklich hyperaktiv sind; sie haben allerdings oft ein auffällig geringeres Schlafbedürfnis als ihre Altersgenossen.

Das Hauptproblem der Hochbegabten sind Langeweile und Unterforderung, und deshalb wirken sie zunächst schwierig, bevor sie tatsächlich anstrengend werden und häufig genug sitzenbleiben oder sogar vom Gymnasium über die Realschule in die Hauptschule absteigen müssen.

Kaum eine Schülergruppe scheitert prozentual so oft in der Schule wie die der Hochbegabten. Sie langweilen sich meist schon wenige Tage nach ihrer Einschulung. Was die Mitschüler da so lernen, beherrschen sie schon lange. Um zu überleben, lernen sie früh, sich in der Schule auch anders zu beschäftigen. Deshalb wirken sie auf das Lehrpersonal unkonzentriert und störrisch, was aber eigentlich überhaupt nicht stimmt.

Irgendwann werden sie dann von ihren Mitschülern in den nichtintelligenzabhängigen Leistungsbereichen wie z.B. Ordnung und Pünktlichkeit überholt. Da sie das, was ihre Klassenkameraden interessiert und spielen, schon längst hinter sich haben, werden sie rasch Außenseiter. Sie wachsen deshalb mit einem Defizit an Kontakten zu Gleichaltrigen auf, wirken unsozial und wenig kommunikativ, manchmal auch linkisch.

Also werden sie zunehmend für ihre Mitschüler anstrengend, für ihre Lehrerin schwierig und für ihre Eltern unverständlich: »Zu Hause kann er doch alles, wieso funktioniert das in der Schule denn nicht?« Die Eltern halten die Lehrerin recht bald für eine schlechte Pädagogin und werden immer häufiger bei ihr vorstellig, bis die ganze Situation so verfahren ist, dass erst die Lehrerin und schließlich auch der Schulleiter das hoch begabte Kind loswerden wollen. Leider verstehen bis heute viel zu wenige Lehrer und Schulleiter genügend von der Problematik des hoch begabten Kindes, so dass es die Hauptarbeit der entsprechenden Beratungsstellen ist, betroffene Schüler, Eltern und Lehrer zu Experten in Sachen Hoch- oder Spezialbegabung fortzubilden. Positive Folge ist dann oft sogar, dass das hoch begabte Kind in seinem angestammten Klassenverband verbleiben kann.

Weil Hochbegabte wegen ihrer erheblichen sozialen Schwierigkeiten von manchen Pädagogen als Behinderte eingestuft werden, wollen einige mit solchen Kindern »geschlagene« Eltern auch von den gesetzlichen Unterstützungen profitieren, die ansonsten nur den anerkannt Behinderten zustehen. Denn die Fördermaßnahmen für Hochbegabte sind teuer und übersteigen vielfach die elterlichen finanziellen Möglichkeiten.

Mit etwa 4.000 Mark im Monat müssen sie rechnen, wenn sie ihr Kind auf ein Internat für Hochbegabte geben, mit mehreren hundert Mark, wenn sie ihm eine nachmittägliche Zusatzförderung beim »Studienkreis« organisieren, außerdem müssen oft teure, weil sehr spezielle Hobbys finanziert werden.

Es gibt jeweils eine Schule mit Internat für Hochbegabte bzw. »spitzenbegabte« junge Menschen in Braunschweig, Rostock und Königswinter. Sie gehören dem Christlichen Jugenddorfwerk und heißen Jugenddorf-Christophorusschulen. Start ist mit Klasse 7, neuerdings allerdings auch zum Teil schon mit Klasse 5. Sie bieten Unterricht in Ganztagsform an, zu dem mehr als 50 Arbeitsgemeinschaften (z.B. auch für Japanisch, Arabisch, Volkswirtschaftslehre oder Gebärdensprache, in jedem Fall der Informatik) gehören. Denn die Schüler dieser Einrichtungen brauchen so viel »Futter«, dass sie wesentlich mehr Wochenstunden haben als normale Gymnasiasten.

Das Maria-Theresia-Gymnasium in München ist die einzige staatliche Schule, die eine Förderklasse für Hochbegabte von der Stufe 6 an führt. Schon in der Stufe 7 werden dort die Schüler mit einem IQ über 130 mit Wahrscheinlichkeitsrechnung, mit komplizierten Ampelschaltungen, mit Rhetorik sowie mit dem Funktionieren von Gedächtnisleistungen konfrontiert. Sie haben 50 Wochenstunden Unterricht, der das normale Lehrplanpensum und die Zusatzanforderungen umfasst – für hoch begabte Schüler nicht zu viel.

Im westfälischen Geseke gibt es seit kurzem eine private Lehranstalt für Hochbegabte, die als Gymnasium geführt wird und mit Klasse 5 beginnt. Sie trägt den anspruchsvollen Namen »Talenta«, ermöglicht 34 Wochenstunden Unterricht, zwei Fremdsprachen ab Klasse 5, frühzeitige Kontakte zur Universität sowie eine psychologische und heilpädagogische Betreuung ihrer oft durch permanente Unterforderung vorgeschädigten Schüler. Vor allem soll in ihr das bei Hochbegabten typische Defizit an sozialem Lernen mit intensiver Gruppenarbeit kompensiert werden. Zur Zeit ist übrigens ein weiteres staatliches Angebot für Hochbegabte geplant, nämlich als Gymnasium im sächsischen Meißen.

Zum Glück können etwa 80 Prozent der 350.000 Schüler mit einem IQ von 130 und höher in ihren Schulklassen verbleiben. Sie müssen nicht wechseln und sie scheitern nicht, weil entweder ihre Eltern ihre besonderen Eigentümlichkeiten gut auffangen, weil sie verständige und in Sachen Hochbegabung kompetente Lehrer haben oder weil sie selbst idealerweise keine sozialen Defizite haben.

Etwa 90 Prozent der Hochbegabten halten es übrigens auch gar nicht aus, wenn sie schon früh – also zum Beispiel mit Klassenstufe 5 – aus ihrer Familie genommen und in ein Internat geschickt werden. Sie brauchen nämlich in ganz besonderer Weise auch wegen ihres Defizits an gleichaltrigen Freunden eine familiäre Einbettung. Dazu kommt, dass hoch begabte Jungen in der Regel ein außergewöhnlich enges Verhältnis zu ihrer Mutter haben; vielfach ist ihre Mutter sogar ihre einzige Lebensbezugsperson, weil alle anderen Menschen es so schwer mit ihnen aushalten.

Hochbegabte fördert man also angemessen,

> indem man ihren Spezialinteressen in hohem Maße nachkommt und sie im Rahmen von für beide Seiten optimalen Kompromissen in ihren um Vertiefung bemühten Interessen unterstützt (so bietet z.B. die William-Stern-Gesellschaft in der Hamburger Universität für hoch begabte Schüler an Sonnabenden Intensivkurse in Informatik und Fremdsprachen an),

- indem man Zusatzherausforderungen für sie beispielsweise durch anspruchsvolle Computer-Software organisiert (Empfehlungen dafür geben die Hochbegabtenförderung e.V. in Bochum und die Deutsche Gesellschaft für das hochbegabte Kind in Berlin; siehe Adressen am Schluss dieses Buches!) oder sie nachmittags bei dem privaten Nachhilfeinstitut »Studienkreis«, das es in fast jeder deutschen Stadt gibt, unterbringt,

- indem man sie mit anderen hoch begabten Gleichaltrigen zusammenbringt, die man entweder in Hochbegabtenschulen und -kursen findet oder über die Deutsche Gesellschaft für das hoch begabte Kind sowie die Hochbegabtenförderung e.V. und ihre Selbsthilfegruppen für Eltern kennen lernen kann,

- oder indem man sie in normalen Klassenverbänden, die zu Lernwerkstätten gewandelt worden sind, mit den Mitschülern zu Lernfamilien oder zu Lernpartnerschaften vernetzt. Sie werden dann nämlich sozial herausgefordert, wenn sie schwächeren Schülern bei der Lösung von Lernproblemen helfen, sie verstehen das, was sie den anderen Schülern erklären, noch besser, vertiefter und mit Transfer- bzw. Übertragungs- und Anwendungseffekten, sie langweilen sich nicht, sie müssen ihre Konzentrationsfähigkeit und ihr Durchhaltevermögen sowie ihr Zuhörenkönnen trainieren, und sie werden dank ihrer mitreißenden Effekte und ihrer Erfolge von ihren Mitschülern zunehmend geschätzt und am Ende ganz und gar bestätigt und integriert. Außerdem entlasten sie ihren Lehrer dann mehr, als dass sie ihm Schwierigkeiten bereiten.

Übrigens gilt auch noch dieses: Viele Eltern spornen ihre Kinder zu Bestleistungen an, Nachhilfelehrer werden engagiert, in manchen Fällen sogar teure Ferienseminare arrangiert. Doch nicht die Klassenbesten oder Genies setzen sich später im Wirtschaftsleben durch, sondern die Schüler mit Zweier- und Dreiernoten führen die Gehaltslisten an. Das fand der amerikanische Wirtschaftsprofessor Thomas Stanley aus Atlanta bei Recherchen für sein Buch »The Millionaire Mind« (Der Millionärsverstand) heraus. Stanley nahm 1.300 US-Millionäre unter die Lupe, verglich ihre schulischen und akademischen Erfolge und kam zu dem Ergebnis: Alle hatten zuvor durchschnittliche Zensuren, und sie hatten sich durchweg mangels intellektueller Brillanz nicht für Elite-Universitäten qualifizieren können. Das Geheimnis ihres Aufstiegs war: Sie konzentrierten sich auf Gebiete, von denen sie etwas verstehen, und sie arbeiteten hart, um das zu erreichen, was sie wollten.

- *Schwachbegabte werden besser, wenn man ihnen mehr zutraut, und schlechter, wenn sie allzu viele Niederlagen verkraften müssen.*
- *Mit einer charismatischen Lehrerpersönlichkeit an ihrer Seite würden Schwachbegabte größere Schulerfolge haben.*
- *Manchmal führt das »Umtopfen« von Schwachbegabten zu mitreißenden positiven Lerneffekten.*
- *Schwachbegabte profitieren vom Handeln beim Lernen, vom unbestraften Fehlermachenkönnen, von positiver Resonanz bei Lernfortschritten, vom Lernen am Computer, von der Vernetzung zu Lernpartnerschaften in Lernfamilien und von Lernberatern statt Belehrern sowie von jahrgangsübergreifenden Klassen.*

Rund 300.000 Schüler, das sind etwa 12.000 komplette Schulklassen, bleiben jährlich in Deutschlands Schulen sitzen. Etwa neun Prozent eines Schülerjahrgangs schaffen es nicht einmal bis zum Hauptschulabschluss, und etwa anderthalb Prozent besuchen eine Schule für Lernbehinderte bzw. eine Förderschule. Jungen bleiben übrigens viel öfter sitzen als Mädchen, und sie werden auch doppelt so häufig Rückläufer vom Gymnasium zur Realschule und von der Real- zur Hauptschule. Insgesamt gilt, dass schulisches Scheitern nicht immer etwas mit Begabung, sondern vielmehr ganz oft etwas mit Verhalten, wozu auch das Lernverhalten gehört, zu tun hat.

Aber dennoch: Es gibt schwach begabte Schüler, denen die schulischen Herausforderungen Probleme bereiten, zumal wenn sie von ihren Eltern mit aller Gewalt gegen die Empfehlung des Grundschulgutachtens auf ein Gymnasium oder auf eine Privatschule mit gymnasialem Profil getrieben werden. Das trifft Jungen eher als Mädchen, weil Eltern immer noch vor allem ihre Söhne durch Abitur und Studium bringen wollen und nicht so sehr ihre Töchter.

Wenn Schwachbegabte in der Schule Schwierigkeiten bekommen, akzeptieren die Eltern nicht unbedingt, dass es an der geringeren Begabung liegt; sie sind eher geneigt, die Schuld den Lehrern zu geben. Zum Teil haben sie damit Recht, denn zu etwa einem Drittel erweisen sich die Grundschulprognosen am Ende der Klassenstufe 4 später als falsch, und zwar nach oben und unten. Am Ende der Klassenstufe 6 sind immerhin noch fast ein Sechstel der schulischen Laufbahnempfehlungen im Nachhinein unrichtig gewesen, weil Haupt- oder Realschulempfohlene dennoch zum Abitur kommen, Gymnasialempfohlene nur zum Realschulabschluss und Realschulempfohlene lediglich zum Hauptschulabschluss.

Eine gewisse Dosis von Misstrauen gegenüber der Einstufung der Schule ist also angebracht, wie trotz anderslautendem Votum so manche erfreuliche Schulkarriere belegt. Aber die Folgen von elterlichem Überehrgeiz und von elterlicher Überschätzung des Kindes sind insgesamt gravierender.

Meistens wehren sich Eltern gegen die schulische Überforderung ihres Kindes mit Beschwerden über Lehrer und bei Schulleitern oder Elternvertretern, mit Umschulungen innerhalb des staatlichen Schulwesens oder in Richtung Privatschulen und Internate sowie mit Nachhilfeunterricht.

Gelegentlich bringt eine Versetzung in eine Parallelklasse oder in eine Nachbar- oder Privatschule tatsächlich etwas, weil der Schulerfolg auch immer von der Persönlichkeit des Lehrers abhängig ist. Wenn die Wellenlänge zwischen ihm und dem Schüler nicht stimmt, vermag ein anderer Lehrer dank seines Charismas durchaus einen schwachen Schüler zu positiven Leistungsergebnissen mitzureißen. Manchmal führt auch eine andere Methode zum Erfolg oder das, was die Amerikaner »Self-fulfilling-Prophecy« nennen: In Versuchen hat man dort gute Schüler neuen Lehrern als schlechte verkauft; in der Folge wurden sie tatsächlich schlechter, weil der Lehrer nichts Gutes von ihnen erwartet hatte. Umgekehrt wurden schwache Schüler neuen Lehrern als besonders gute verkauft, so dass sie in der Folge tatsächlich wegen der positiveren Vorerwartung der Lehrer deutlich besser wurden. Schüler geraten eben leistungsstärker, wenn man sie von Anfang an altersgemäß fordert, als wenn man ihnen von Anfang an nur wenig zutraut.

Rein theoretisch könnten fast alle deutschen Schüler bessere Noten und sogar bessere Schulabschlüsse erreichen, wenn man nur die optimale Ansprache und Methodik für sie finden würde. Mittlerweile gibt es jedenfalls reichliche Erfahrungen mit erfolgreichen Förderstrategien bei schwach begabten Schülern, die allerdings viel zu selten ein- und umgesetzt werden:

> Schwach begabte Schüler lernen umso besser, je mehr sie selbst lernen, statt dass sie belehrt werden. Besonders profitieren sie daher vom Offenen Unterricht der Lernwerkstatt. Gerade für sie ist es also nützlich, wenn sich die bisherige Belehrungsschule in diese Richtung wandelt.

> Schwach begabte Schüler lernen besser, wenn sie beim Lernen auch handeln können. »Learning by doing«, schon vor mehr als 100 Jahren vom amerikanischen Pädagogen John Dewey gefordert, ist die Methode, die Selbsttätigkeit und Anschauung, also das »Tun der Hand« Johann Heinrich Pestalozzis als Lernmedium erfolgreich an die Seite des bloßen Kopflernens stellt. Hauptschüler zeigen deshalb bei Holz- und Metallarbeiten und im Laborunterricht der Fächer Physik, Chemie, Biologie und Hauswirtschaft besonders gute Erfolge, aber auch beim Lernen am Computer.

> Schwach begabte Schüler brauchen eine andere Fehlerkultur beim Lernen. Wenn ihr Fehlermachen also zu oft mit roter Tinte, mit schlechten Noten, mit Androhen von Sitzenlassen und Rücklaufen, mit erhobenen Zeigefingern, Beschimpfungen und enttäuschten Gesichtern begleitet wird, verdichtet sich bei ihnen Resignation sowie ein geringes Selbstwertgefühl mit den täglich wiederkehrenden Versagenserlebnissen zu einer fortan ausbleibenden Lernmotivation, die wir Schulmüdigkeit nennen. Das Bestrafen von Fehlern passte noch zu obrigkeitsstaatlichen Systemen mit dem Erziehungsziel des angepassten Untertanen als »funktionierendem Rädchen im Getriebe«. Fehlermachen heute noch aktiv zu ahnden, steht demnach für Demokratiedefizite unseres Schulwesens. Denn Lernpsychologen und Hirnforscher sagen uns ja schon seit einiger Zeit, dass Menschen an sich und insbesondere Kinder besonders gut über unbestraftes Fehlermachen lernen. »Trial and error«, also der Lernweg über Versuch und Irrtum, muss als Umweg, als Irrweg auf dem Weg zum erwünschten Ziel akzeptiert werden. Wir müssen uns nur angucken, wie Kinder außerhalb der Schule lernen, also beim Sprechen- und Laufenlernen, beim Lernen von Skateboardfahren, beim Versuch, den Computer oder auch nur ein Spiel an der Spielkonsole zu beherrschen, oder beim konstruktiven Umgang mit einem Elektronikbaukasten, dann wissen wir, dass die Lernmotivation in der Regel durch Fehlermachen nicht beeinträchtigt, sondern eher gesteigert wird. Und wer nach 20 Irrwegen beim 21. Mal endlich Erfolg hat, hat eben nicht nur einmal etwas gelernt, sondern einundzwanzigmal. Eine andere Fehlerkultur kann also gerade den Schwachbegabten allzu viele Niederlagen ersparen.

> Weil man am Computer eher unbestraft Fehler machen kann, nützt er beim Lesen vor allem den schwach begabten Schülern. Am meisten profitieren daher geistig Behinderte, Lernbehinderte, Hauptschüler, Grundschüler, Vorschüler, Jungen und sprachbenachteiligte Schüler (beispielsweise Ausländer- und Spätaussiedlerkinder sowie Stotterer) von ihm.

> Schwachbegabte verstehen das, was sie lernen sollen, am ehesten, wenn sie den Lernstoff anderen zu erklären haben. Also muss man bei ihnen für das Reden, das Sprechen und das Erklären mehr Zeit einräumen. Wenn Schüler heute immer noch im Rahmen einer 45-Minuten-Einheit im Schnitt lediglich zwei Minuten selbst sprechen, dann benachteiligt das vor allem die schwachen Schüler; sie benötigen sehr viel mehr Rede- und Sprechanlässe.

> Alle Kinder lernen besser von Gleich- oder Ähnlichaltrigen als von noch so guten Erwachsenen. Schwach begabte Kinder werden daher besonders weit nach vorn gerissen, wenn sie mit guten Schülern zu Lernpartnerschaften oder

Lernfamilien vernetzt werden. Die Partnerarbeit (ein guter und ein schwacher Schüler lösen gemeinsam eine Aufgabe) ist dabei der Kleingruppenarbeit überlegen und die wiederum der Arbeit im Klassenverband. Integrative Schulkonzepte bringen also insbesondere den schwächeren Schülern etwas. Und die guten Schüler werden dabei überhaupt nicht gebremst, wenn sie als Lernhelfer mit den schwachen zu Teams verknüpft werden.

> Schwach begabte Schüler brauchen mehr Resonanz beim Lernen als gut begabte, das heißt, sie benötigen die Verstärkung durch Lob bei ihren Lernfortschritten. Eine rote Drei ist dabei aber zu wenig Resonanz. Besser tut ihnen eine ausführliche positive Stellungnahme, also ein Text oder eine Lobrede, die mehr den Zugewinn herausstellt als den objektiven Leistungsstand im Vergleich zu den Mitschülern. Von Berichtszeugnissen, die offiziell Lernentwicklungsberichte heißen, profitieren schwach begabte Schüler also erheblich mehr als gut begabte.

> Der Wechsel von Jüngersein und Ältersein, wie wir ihn früher aus den Jenaplan-Schulen Peter Petersens und heute aus den jahrgangsübergreifenden Klassen in Nordrhein-Westfalen kennen und wie er sich mit der »flexiblen Eingangsphase« und dem Prinzip »Einschulung ohne Auslese« (in Sachsen-Anhalt umgesetzt), ergibt (alle Kinder werden ungeachtet ihres Entwicklungsstands mit sechs Jahren eingeschult und verbleiben dann entweder ein oder zwei oder drei Jahre in dieser Eingangsphase, die die bisherigen Klassenstufen 1 und 2 ersetzt, bevor sie in die 3. Klasse versetzt werden), bekommt den schwach begabten Schülern besonders gut. Sie werden erst von den Älteren oder Besseren mitgerissen und können danach, indem sie Lernpartner für Jüngere werden, durch Erklären das zu Lernende vertiefen, festigen und anwenden.

> Wenn der Lehrer sich auf diese Weise vom Belehrer zum Lernberater wandelt, hat er mehr Zeit für die Fortschrittsentwicklung der schwach begabten Schüler als bislang, weil die guten Schüler mit Selbstlernen befasst sind, während er sich den schwachen gezielt und individuell zuwenden kann.

- *Legasthenie kann oft gut mit häufigen Hör- und Sprechanlässen sowie mit verlangsamtem Diktieren und mit geeigneten Computerprogrammen therapiert werden.*
- *Dyskalkulie geht vielfach mit vorausgegangenem Bewegungsmangel einher; ihr kann mit Sinnespfaden sowie mit Bewegungs-, Sport-, Watt-, Strand- und Waldkindergärten vorgebeugt werden. Außerdem hilft psychomotorisches Turnen.*
- *Die Fremdsprachenschwäche geht nicht selten auf den restringierten Sprachcode der Eltern oder des nachbarschaftlichen Umfeldes zurück. Sie wird am besten mit Auslandsaufenthalten kompensiert.*
- *Hyperaktivität muss mit reichlichen Bewegungsanlässen und mit der Stärkung von Konfliktfähigkeit kanalisiert werden.*
- *Soziale und politische Schwächen müssen mit einer über Gleichaltrige vermittelten konfrontativen Pädagogik bewältigt werden.*

Wenn Kinder an sich normal begabt sind, aber in einem bestimmten Leistungsaspekt eine gravierende Ausfallerscheinung zeigen, dann ist gute Diagnosefähigkeit gefragt, damit man mit einer passenden Therapie dagegenhalten kann. Lehrern – wenn sie nicht Sonderpädagogen sind – fehlt meist diese diagnostische Kompetenz und erst recht die therapeutische. Sie arbeiten allzu oft mit Schuldzuweisungen und mit Ermahnungen (»Nun reiß dich doch mal zusammen!«) und erzeugen auf diese Weise ein derart großes Maß an Unlust im Kind, dass es, statt langsam kleine Fortschritte zu machen, diesen Leistungsbereich, in dem es so oft versagt, für sich innerlich ganz abwählt und sich auf dasjenige einschränkt, was es gut kann. Kinder mit einer Teilleistungsschwäche kompensieren diese nämlich meistens, indem sie einen gegenläufigen Leistungsbereich ausbauen. So sind Legastheniker oft gute Techniker, fremdsprachlich schwache Schüler oft gute Rechner, allgemein schwache Schüler häufig gute Sportler, schlechte Sportler gute Musiker und in allen Fächer schlechte Schüler gute Humoristen oder Klassenkasper.

Im Einzelnen existieren sehr, sehr viele Teilleistungsschwächen, die jedoch unterschiedlich deutlich wahrgenommen und bewertet werden. Es gibt unmusikalische, unsportliche und unpolitische Schüler, deren Ausfälle für nicht so gravierend gehalten werden. Aber wehe, jemand ist lese-rechtschreibschwach oder rechenschwach oder hat erhebliche Probleme im Fremdsprachenunterricht. Dann reagiert man sogleich alarmiert und spricht von Legasthenie oder Dyskalkulie. Eine Erdkunde- oder Biologieschwäche ist aber noch nie explizit beschrieben worden, so etwas wird eher auf mangelnden Fleiß oder auf eine zu dürftige Motivation zurückgeführt.

Im Folgenden seien die häufigsten Ausfallerscheinungen und die jeweils viel versprechendste Therapie aufgeführt:

> Pro Klasse sind es etwa ein bis zwei Schüler, die unter dem *Hyperkinetischen Syndrom* (HKS) bzw. dem Aufmerksamkeits-Defizit-Syndrom (ADS) leiden. Sie werden auch als hyperaktiv bezeichnet und fallen durch motorische Unruhe, mangelnde Konzentrationsfähigkeit und geringes Durchhaltevermögen auf. Sie reagieren auf Reize, die »normale« Schüler als unwesentlich übersehen oder überhören, weil sie Bedeutsames von Unbedeutsamen differenzieren und in ihre Wahrnehmung entweder integrieren oder aber ausgliedern können. Überaktive Kinder sind also oft zugleich wahrnehmungsgestört. Sie registrieren jedes hinunterfallende Stück Papier und ein weit entferntes Bremsgeräusch und kommentieren dieses, so dass Mitschüler und Lehrer durch sie erheblich gestört werden. Hyperaktivität ist in der Regel Folge einer Stoffwechselstörung und wird daher von Kinderärzten gelegentlich mit dem Medikament Ritalin behandelt. Ob Ritalin auf Dauer schädlich oder eher unschädlich ist, ist noch nicht erwiesen. Es wird aber befürchtet, dass hyperaktive Kinder, die regelmäßig durch Ritalin ruhig gestellt werden, sich in ihrer Konfliktfähigkeitsentwicklung nicht wie ihre Altersgenossen entwickeln, weil sie immer dann, wenn das Ritalin abgesetzt wird, mit der Entwicklung von Problembewältigung da weitermachen müssen, wo sie ohne das Medikament aufgehört haben. Wer also über drei Jahre hinweg Ritalin genommen hat, entbehrt möglicherweise drei Jahre auf dem Weg zu seiner Selbstständigkeit und Lebenstüchtigkeit. Ritalinkritiker meinen deshalb, dass es besser wäre, hyperaktiven Kindern mit hohem Aufwand Verhaltensalternativen für kritische Situationen aufzuzeigen und diese mit ihnen aktiv einzuüben. Dieser Weg ist jedoch sowohl für Pädagogen als auch für das hyperaktive Kind der schwierigere. Ein wenig lassen sich die innere und äußere Unruhe, die Aufmerksamkeitsstörung und das geringe Durchhaltevermögen bzw. die Wahrnehmungsstörung jedenfalls durch Ernährung positiv beeinflussen, wie Erfahrungen mit der Einnahme von Haferflocken (Panthotensäure), Sauerkirschen (Mangan) und von Linsen (Niacin) sowie roter Paprika (Vitamine A und C) gezeigt haben. Hyperaktive Kinder brauchen jedenfalls mehr als andere Kinder viele Bewegungsanlässe in der Schule, ihnen tut eine »bewegte Schule« mit »aktiver Pause« gut, sie freuen sich über Botengänge während des Unterrichts und über die Chance, im Klassenraum erlaubterweise umherlaufen zu können, über Entlastungs- und Kuschelecken mit Matratzen, auf die sie vom Schrank aus springen dürfen, oder über ein Praktikum als Fahrradkurier. Außerdem tut ihnen eine Sportart gut, in der sie sich täglich bis zur Erschöpfung verausgaben können. Übrigens wer-

den hyperaktive Kinder oft ganz ruhig, wenn sie von Zeit zu Zeit an der Spielkonsole sitzen oder einen actionreichen Fernsehfilm sehen dürfen.

> Die *Rechenschwäche* (auch Dyskalkulie oder Arithmasthenie genannt) hat viel mit einem frühkindlichen Mangel an Bewegungserfahrungen im dreidimensionalen Raum und mit dem Mangel an Umgang mit verschiedenen Materialien (Holz, Stein, Glas, Metall, Knetmasse, Wasser, Sand, Lehm, Ton, Matsch, Gras, Plastik), Farben und Zahligkeiten zu tun. Von ihr sind besonders Kinder bedroht, die zu wenig mit anderen draußen gespielt, gematscht, geknetet, gelaufen, gesprungen, geschaukelt, geklettert, gehüpft, gesprungen und balanciert haben, so dass ihr Raumvorstellungsvermögen, ihr Gleichgewichtssinn und ihre Muskelkoordinationsfähigkeit unterentwickelt blieben. Ein Symptom für die sich anbahnende Rechenschwäche ist übrigens die Unfähigkeit, rückwärts an einem Seil entlang zu gehen, ohne die Augen nach hinten zu richten. Rechenschwäche kann jedoch auch ganz andere Ursachen haben: Die Rechenlehrerin war von Anfang an unsympathisch, sie hat zu rasch ungeduldig geschimpft oder ihre Methode passte nicht zu diesem Kind, so dass es sich diesem Leistungsbereich verweigerte, um fortan nur noch Freude am Lesen, Schreiben, Reden und Zuhören zu haben. Recht schnell gerät es dann in den Teufelskreis, dass die Mitschüler im Rechenunterricht größere Fortschritte machen, mit denen die eigene Rechenunlust erst recht ansteigt und damit auch die Versagenserlebnisse im Fach Mathematik zunehmen. Wenn die Dyskalkulie dann irgendwann bemerkt wird, ist ein enorm gesteigerter Aufwand nötig, um das Fehlende nachzuholen. Fortschritte lassen sich zwar dann auch noch erzielen, aber wesentlich langsamer als bei anderen Kindern. Mit psychomotorischen Übungen, mit Trainieren des Rückwärtsgehens, durch den Umgang mit vielen Materialien, Farben und Zahlen, mit Laufen, Hüpfen, Springen, Schaukeln, Rutschen, Rollen, mit Drücken und Boxen durch einen Schlafsack hindurch auf den Körper, mit rhythmischem Tanz, mit Bewegungs-, Sport-, Wald-, Watt- und Strandkindergärten sowie mit Sinnespfaden, über deren verschiedene Pflanzendecken und Materialien das Kind kriechen muss, wachsen dann langsam nachgereicht das Zahlenvorstellungs- und das Raumvorstellungsvermögen. Dann hat das Kind auch wieder Erfolge beim Subtrahieren, beim Dividieren und beim Einschätzen von Zahlengrößen (vorher waren 1.000 oder 100.000 einfach nur undifferenziert viel, und einen Unterschied zwischen 34 und 43 gab es eigentlich nicht). Rechenschwache Kinder machen übrigens beachtliche Fortschritte beim Rechnen am Computer, und Beratungsstellen für mathematisches Lernen bzw. für Rechenschwäche (siehe Adressen am Schluss dieses Buches!) bieten mittlerweile sehr effektive Software an.

- Wissenschaftler des Leibniz-Instituts für Neurobiologie in Magdeburg haben eine Hirnregion lokalisiert, die für das räumliche Hören verantwortlich ist. Sie sorgt dafür, dass Standort und Bewegung von Geräuschquellen im Raum ausgemacht werden können und befindet sich im so genannten Hörcortex in der Großhirnrinde, der für die Verarbeitung akustischer Informationen zuständig ist. Diese Entdeckung könnte mittelfristig die Diagnose bestimmter *Hörstörungen* erleichtern. Einige Betroffene haben zum Beispiel Schwierigkeiten, ihre Aufmerksamkeit auf Bahnhöfen oder in Kaufhäusern auf eine einzelne Stimme auszurichten. Ursachen sind wahrscheinlich Störungen in diesem neu entdeckten Nervenzellenareal. Denn es gibt nicht wenige Schüler, die gut lernen können, wenn sie ganz allein mit einem Lehrer in einem schalldichten Raum sitzen, die aber mit den vielen Reizen in einem großen Lernverband so abgelenkt und unfähig sind, sich auf die wesentlichen Unterrichtsimpulse selektiv zu konzentrieren, dass sie als böse oder unwillig eingestuft werden, obwohl sie doch in Wahrheit bloß ein Hördifferenzierungsproblem haben.

- Die *Lese-Rechtschreibschwäche* (LRS, auch Legasthenie genannt) kann ganz verschiedene Ursachen haben. Oft resultiert sie aus einem Mangel an Ansprache und Zuhören in der Entwicklungszeit vor der Einschulung, aus zu wenig Redeanlässen infolge eines Mangels an Bezugspersonen oder wegen allzu reichlichen Fernsehkonsums, aus geringer Sprachkompetenz der Eltern oder aus deren Dialekt, der mit dem Hochdeutsch in der Schule kollidiert, oder aus personalen Unverträglichkeiten zwischen Schüler und Lehrer bzw. aus dessen Methode, das Lesen und Schreiben einzuführen. Selbst wenn die Ganzwort-, Ganzsatz- oder Buchstabiermethode bzw. die Methode »Lesen durch Schreiben« von Jürgen Reichen der Mehrzahl der Kinder einer Klasse gut tut, profitieren einige wenige eventuell nicht von ihr. Lese-Rechtschreibschwäche wird am besten bekämpft, indem man den betroffenen Kindern viel vorliest und erzählt; indem sie Gehörtes langsam wahrnehmen können (beispielsweise durch extrem verlangsamtes Abspielen eines Tonbandes), so dass sie Zeit gewinnen, um jeden einzelnen Buchstaben eines Wortes zu erfassen; indem sie reichlich Gesprächsanlässe erhalten (zum Beispiel über den »Stuhlkreis« des offenen Unterrichts oder im Rahmen von Partner- und Kleingruppenarbeit in der Lernwerkstatt); indem ihr Fehlermachen nicht bestraft wird (in vielen Bundesländern bekommen Legastheniker deshalb keine Noten im Fach Deutsch), so dass Lernfortschritte nicht dennoch schlecht zensiert und dadurch konterkariert werden; indem sie Rechtschreib- und Eingreifprogramme einschließlich Lückentexte spielerisch am Computer bewältigen dürfen und indem sie Zusatzförderstunden, also die LRS-Stunden erhalten, in denen in Kleingruppen individuell auf ihre jeweilige Störung eingegangen werden kann. Manche Legastheniker haben bei normaler Intelligenz einfach nur ein Hörproblem der

Art, dass der Weg des Hörreizes vom Ohr in die entsprechende Hirnpartie zu lange dauert. Hierbei hilft verlangsamtes Sprechen. Andere Legastheniker brauchen hingegen das Hören eines Buchstabens im Wortzusammenhang, um ihn identifizieren zu können. Sie können nicht ohne weiteres der Aufforderung folgen: »Schreib einmal ein M!« Sie können auch nicht unbedingt auf das M im geschriebenen Wort »Hamburg« zeigen, aber wenn sie beim Lesen das Wort »Mutter« oder »Hamburg« hören, dann können sie korrekt den Finger unter das M legen. Wer Legasthenie bekämpfen will, muss wissen, dass Kinder Lesen und Schreiben in vier Stufen erobern: Es beginnt mit dem Hören; erst einmal muss das Klangbild eines Wortes erfasst werden. Dann folgt das Sehen des Schriftbildes, das das Kind sich einprägt. In der dritten Stufe werden das Hören und das Sehen verknüpft, und erst in der vierten Stufe lassen sich dann erfolgreich Hören und Sehen mit dem richtigen Wiedergeben, also dem Schreiben und Lesen verbinden. Jede LRS-Therapie muss also mit dem Hören starten und nicht etwa mit dem Sehen eines Wortes.

> Die *Fremdsprachenschwäche* hat im Allgemeinen etwas mit einer muttersprachlichen Schwäche, also mit Wortschatz-, Grammatik- und Sprachflussschwächen zu tun, die oft auf den restringierten Sprachcode der Eltern und des nachbarschaftlichen Milieus zurückzuführen sind. Gegen die Fremdsprachenschwäche hilft am besten häufiges Sprechen in Englisch oder Französisch, z.B. während der Sommerferien in einer englischen Familie, die des Deutschen nicht mächtig ist. Auch ein Schuljahr in den USA kann nützlich sein. Jedenfalls bringen sechs Wochen Sprachaufenthalt in England oder Frankreich in der Regel mehr an fremdsprachlichem Fortschritt als sechs Jahre Schulunterricht in einer dieser Sprachen. Mittlerweile gibt es sehr gute fremdsprachliche Software bzw. Eingreifprogramme für den Computer, die Schulbuchverlage wie beispielsweise Klett oder Cornelsen anbieten. Beginnt ein fremdsprachlich schwacher Schüler mit einem jungen Menschen im Ausland eine Brief- oder E-Mail-Freundschaft oder wird er im Rahmen einer Schulpartnerschaft mit seiner Klasse in ein wechselseitiges Austauschprogramm so eingebunden, dass er einmal bei einer Familie seiner Partnerschule in England untergebracht wird, bevor dann der Gegenbesuch seines englischen Freundes in Deutschland erfolgt, dann ergeben sich ebenfalls positive Effekte in Bezug auf die fremdsprachliche Kompetenz.

> *Andere Teilleistungsschwächen* wie die in den Bereichen Musik, Sport, Chemie oder Geographie sollten entweder hingenommen oder mit gezieltem Nachhilfeunterricht behoben werden. Manchmal ist nur eine taktische Nachschulung in Bezug auf den Umgang mit einem Fachlehrer oder seiner ungeliebten Methode erforderlich, manchmal stellt sich eine bessere Motivation erst durch ei-

nen Lehrerwechsel ein. Eine Geographie- oder Biologieschwäche hat jedenfalls meistens nur etwas mit mangelndem Fleiß oder mit personalen Unverträglichkeiten bzw. mit einem Mangel an Motivation durch die gewählte Methode zu tun, während eine sportliche oder musikalische Schwäche durchweg andere Gründe hat. Es lohnt sich im Allgemeinen nicht diese abzubauen, denn ein musikalisch schwacher Schüler wird wohl nicht bei einem musikalisch profilierten Gymnasium und ein sportlich schwacher Schüler nicht in einem Fußballinternat angemeldet werden.

> *Sozial und politisch schwache* Schüler haben es allerdings in ihrem Klassenverband und in der Gesellschaft schwer. Sie sind zum Teil unmündig, drohen Außenseiter zu werden, müssen Mobbing aushalten und können sich gegen politisch problematische Entwicklungen nicht angemessen wehren. Sie wachsen mit Demokratiedezifiten auf, neigen zum »Cocooning« und bleiben oft Singles. Sozial und politisch schwache Schüler profitieren deshalb vom sozialen Lernen, von Gruppenarbeit, von Gewaltprävention, von Streitschlichter- bzw. Konfliktlotsenprogrammen in der Schule und vom Anti-Aggressivitäts-Training, das in Nordrhein-Westfalen »Werteerziehung über Dilemmata« heißt oder in Niedersachen »Konfrontative Pädagogik« oder »Coolness-Training«. Gegen soziale und politische Schwächen hilft nämlich am besten das massive Konfrontieren mit den eigenen Taten durch Gleichaltrige, die Handeln bewerten, verpönen und Verhaltensalternativen, die auch vorgelebt werden müssen, aufzeigen. Soziale und politische Defizite haben oft etwas mit sich allzu stark profilieren wollenden Ichs in unserer Ellenbogengesellschaft, mit Wettbewerb, mit Verwöhnung, mit Verplanung und mit einem Mangel an positiven Vorbildern in Familie und Nachbarschaft sowie auf dem Bildschirm zu tun.

- *Durch zu frühe Herausforderungen darf die Kindheit nicht beeinträchtigt werden.*
- *Kinder von heute sind früher entwickelt, als Kinder vor 30 Jahren es waren, und Mädchen sind im Allgemeinen eher schulreif als Jungen.*
- *Maßvoller Fernsehkonsum, Reisen, Spielzeug, Bewegung, Sport, Musik und Wochenendunternehmungen fördern die Reifung des Kindes.*
- *Jüngere Kinder lernen Fremdsprachen besser als ältere.*
- *Man darf nicht die Jugendförderung zugunsten der Kleinkindförderung vernachlässigen, denn dann steht das Erziehungsziel insgesamt in Frage.*
- *Die Frühförderung kleiner Kinder darf nicht der bloßen Suche der Eltern nach Lebenssinn entspringen.*
- *Frühförderung sollte allen Kindern zu Gute kommen, und zwar jeweils gemäß der speziellen Entwicklungsstufe.*

Die meisten Kinder sind heute früher weiter als noch vor 30 Jahren. Ihre körperliche und auch geistige Entwicklung, aber nicht unbedingt ihre seelische bzw. emotionale, haben sich durchweg um etwa ein Jahr vorverlagert. Eigentlich müsste man deshalb auch die gesamte Schulzeit ein Jahr früher beginnen lassen, also mit fünf Jahren einschulen. Wenn das Abitur dann auch wie in Sachsen, in Thüringen und demnächst auch im Saarland und in Baden-Württemberg und in den meisten vergleichbaren Ländern der Welt am Ende der Klasse 12 stattfinden würde, könnten junge Menschen zwei Jahre früher als üblich mit dem Studium beginnen.

Warum sind Kinder heute früher entwickelt? Wir wissen es nicht genau, aber es wird vermutet, dass dafür mehrere Faktoren verantwortlich sind. Einerseits spielt die gewandelte und qualitativ höherwertige Ernährung eine Rolle. Andererseits wachsen die Kinder in einer reizstärkeren Umgebung auf, dazu gehören Medienkonsum, Spielzeug, Reisen und Freizeitaktivitäten der Familie. Darüber hinaus ist ein stärkeres Erziehungsbewusstsein von immer mehr Eltern bei gleichzeitiger Abnahme der Kinderzahl in den Familien zu konstatieren, so dass beispielsweise die zahlreicher gewordenen Einzelkinder die geballte Kraft von Zuwendung und Förderung ihrer Eltern trifft, die zudem mehr Freizeit als früher haben.

Die Kultus-, Schul- bzw. Bildungsministerien der 16 deutschen Bundesländer haben sich mittlerweile insofern auf die frühere Reife der meisten Kinder eingestellt, als sie die Stichtagsregelung für die Einschulung um drei Monate erweitert haben. So konnten bisher nur Kinder eingeschult werden, die bis zum 30. Juni sechs Jahre alt waren; nun gilt, dass auch bis zum 30. September sechs Jahre alt gewordene Kinder in die 1. Klasse kommen können.

Manche Eltern sind verunsichert, ob sie ihr Kind, das zwischen dem 30. Juni und dem 30. September sechs Jahre alt wird, nun lieber mit noch fünf Jahren oder erst ein Jahr später mit dann fast sieben Jahren einschulen sollen. Dabei ist die Tendenz zu beobachten, Mädchen schon ein Jahr früher und Jungen erst ein Jahr später einzuschulen, gleichzeitig aber bei beiden Geschlechtern mehrheitlich den früheren Einschulungstermin zu wählen. Doch am besten wäre es natürlich, die Entscheidung vom jeweiligen konkreten Entwicklungsstand des Kindes abhängig zu machen. Jungen in dem besagten Alter hinken vielfach in ihrer Entwicklung etwa ein halbes Jahr hinter den Mädchen hinterher, und zwar in Bezug auf die körperliche und geistige Reife. In der seelisch-emotionalen Reife sind sie meist etwa ein Jahr hinter den Mädchen zurück. Aber im Einzelfall trifft diese übergeordnete Aussage ganz oft auch nicht zu, denn es gibt viele fünfjährige durchaus schulreife Jungen und einige sechsjährige Mädchen, die besser noch nicht eingeschult werden.

Leider gibt es immer mehr Sechsjährige auf dem Entwicklungsstand von Vierjährigen, und zugleich immer mehr Sechsjährige, die schon so weit wie Achtjährige sind. Der Entwicklungsstand von Kindern im Einschulungsalter klafft also deutlich auseinander.

Und dieses Auseinanderklaffen, das den Grundschullehrerinnen immer größer werdende Leistungsbandbreiten schon in den 1. Klassen beschert, hat weniger mit unterschiedlichen Erbanlagen der Kinder zu tun als vielmehr mit ihrer höchst unterschiedlichen Herausforderung und Förderung bzw. Nichtförderung in den ersten Lebensjahren durch ihre Eltern, ihre Geschwister, ihre Freunde, ihre Medieneinflüsse, ihre Nachbarschaft und ihren Kindergarten.

Überlagert wird diese reizreiche oder reizarme Förderung durch die unterschiedliche Akzentuierung von Herausforderung, Schonung und Vernachlässigung in der Familie:

> Ehrgeizige Eltern planen den Frühbeginn einer Karriere ihres Kindes nicht selten auf Kosten des Auslebens der kindlichen Entwicklungsstufen. Ihre Kinder werden altklug bzw. unkindlich.

> Sorgenvolle Eltern neigen zur übermäßigen Schonung und zum Schützen des Kindes vor Gefahren. Sie nehmen ihrem Kind zu viel ab, was zu einem zu geringen Herausforderungs- und damit Förderungspotenzial führt. Ihre Kinder werden »Weicheier«, die wenig lebenstüchtig geraten.

> Eltern, die ihre Kinder oft oder ganz als störend empfinden, vernachlässigen sowohl die Förderung als auch die Schonung der kindlichen Kräfte, so dass solche »Schlüsselkinder« zwar ganz lebenstüchtig in Bezug auf den Ausbau von Überlebensstrategien außerhalb der Schule werden, aber ihre Bildungskarriere

bleibt erheblich beeinträchtigt. Solche Kinder haben ein hohes Verwahrlosungsrisiko, sie verfügen aber eventuell über ein beachtliches Maß an Durchsetzungsstrategien, nicht selten sogar in illegalen Bereichen des Lebens.

Angesichts dieser drei großen Gruppen von Fehlentwicklungen kommt man zu dem Schluss, dass der optimale Grad von Förderung irgendwo zwischen Schonung der kindlichen Bedürfnisse und Herausforderung seiner Kräfte erreicht wird – ein Seiltanz bzw. Balanceakt, indem man bemüht ist, die sinnvolle Mitte zu treffen. Dabei darf man jedoch nicht nur auf sein eigenes Kind gucken, denn schließlich muss es später im Lernverband der Schule ohne Unter- und ohne Überforderungen zurechtkommen können. Früh geförderte Kinder langweilen sich gelegentlich in einer Weise in der Schule, dass sie mit Verhaltensauffälligkeiten reagieren, während von Beginn an unterforderte Kinder in der Schule dann oft überfordert sind. Deshalb warnen Schulpsychologen davor, dem Kind schon vor der Einschulung Lesen, Schreiben und Rechnen beizubringen und Kindern Bewegungs-, Spiel-, Sprach- und Gruppenerfahrungen vorzuenthalten, die sie deshalb so dringend benötigen, damit sie nicht lese-rechtschreib- oder rechenschwach bzw. wahrnehmungsgestört werden.

Wer seinem Kind in guter Absicht schon mit drei Jahren eine fremdsprachliche Frühförderung angedeihen lässt, muss also immer auch bedenken, was mit diesem Kind geschieht, wenn in den beiden ersten Schuljahren noch gar kein Fremdsprachenunterricht stattfindet und wenn dann mit Klasse 3 die Mitschüler die ersten Gehversuche im Englischen oder Französischen wagen, während das eigene Kind schon längst kann, was dem Klassenverband gerade mühselig beigebracht werden soll.

Es stimmt zwar, dass Kinder Fremdsprachen umso leichter und besser lernen, je jünger sie sind. Man darf dann aber erstens diesen Fremdsprachenunterricht nicht auf Kosten von kindlichen Entwicklungsstufen durchführen, und zweitens muss man dann dafür sorgen, dass ein derart früh gefördertes Kind mit anderen ebenfalls früh geförderten Kindern, die ähnlich weit sind, in die Schule kommt, damit ein Gleichschritt der Lernentwicklung möglich ist. Denn jedes Lernen muss heute zugleich auch stets ein soziales Lernen sein, damit sich auch so etwas wie Kooperations-, Kommunikations-, Team- und Konfliktfähigkeit entwickelt. Früh geförderte Kinder, die mit normal geförderten Kindern in eine 1. Klasse kommen, sind in der Gefahr, Einzelgänger, Außenseiter und kontaktgestört zu werden, wenn die Eltern nicht die Einbettung in das soziale Netzwerk der Grundschule mit bedenken.

Eine fremdsprachliche Frühförderung müsste also alle Kinder gleichzeitig erreichen. Ein Schritt in diese Richtung ist das in allen Bundesländern geplante Projekt »Englisch ab Klasse 3« statt ab Klasse 5. Auf der Ebene der Europäischen Union denkt man sogar über »Englisch ab Klasse 1« nach. Außerdem sollte der

Fremdsprachenunterricht bei einem früheren Beginn mit Methoden durchgeführt werden, die der jeweiligen Altersstufe entsprechen. Er muss also bei Vorschulkindern vorschulkindgemäß und bei Grundschülern grundschulkindgemäß sein, d.h. spielerisch, musisch und mit Bewegungserziehung umgesetzt werden.

Wenn Kinder nicht mehr Kind sein dürfen, weil ihre Eltern aus ihnen allzu früh Erwachsene machen, und Kinder selbst nicht mehr Kind sein wollen, weil sie es cool finden, in immer jüngeren Jahren bereits wie Erwachsene zu leben, auszusehen, sich zu kleiden und zu verhalten, dann ist der Preis für die verlorene bzw. übersprungene Kindheit zu hoch. Verhaltensstörungen stellen sich ein; und meist bereuen die Eltern dann ihre gut gemeinte Frühförderung.

Kinder wirken heute mit zehn Jahren schon so, wie vor 30 Jahren erst 17-Jährige aussahen, wenn auch etwas abgewandelt, weil sich Mode und Ausstattungsmöglichkeiten geändert haben: durchgestylt, teure Markenklamotten, modische Sonnenbrille, gepierct; oft kommt dann noch ein Handy hinzu, ein teures Fahrrad, ein Walkman oder Diskman und ein cooles unkindliches Pokerface, von einem überhöhten Selbstbewusstsein, weil der eigentlich noch Kleine bereits Kampfsporttechniken beherrscht und in eine martialisch anmutende Clique eingebunden ist, zu der ein paar Mädchen als Groupies gehören, mit denen er sich zieren kann. Als das »Verschwinden der Kindheit« hat der Amerikaner Neil Postman diese gesellschaftlich bedingten Verfrühungsprozesse beschrieben und beklagt.

Es ist auffällig, wie sich in unserer Gesellschaft die ehedem einmal recht gleichmäßig über die gesamte Kindheit und Jugend verteilte Fürsorge der Erwachsenen verschoben hat: Während Eltern früher erst hellhörig wurden, wenn ihr 13- oder 14-jähriges Kind ein wenig »aus dem Ruder zu laufen« drohte, werden sie heute bereits bei ihrem drei- oder vierjährigen Kind unruhig, wenn es sich irgendwie unpassend verhält, während sie gleichzeitig bei Störungen im Jugendalter eher wegschauen. Noch vor 20 Jahren meldeten sich bei Schulsorgentelefonen vorwiegend Mütter und Väter von Acht- und Neuntklässlern, während heute nur noch Mütter von Erst- oder Zweitklässlern anrufen. Kleinkinder werden also über Gebühr gefördert, während man Jugendliche eher der Vernachlässigung preisgibt. Das liegt oft auch daran, dass immer mehr Eltern die Erfahrung gemacht haben, dass Jugendliche sich ohnehin nichts mehr sagen lassen, während sie beim kleinen Kind noch Eingreifchancen sehen.

Kleine Kinder sind mittlerweile für viele Eltern Lückenbüßer; sie dienen als »Knuddeltiere« und bei Alleinerziehenden auch als Partnerersatz, wenn nicht gar als einziger nennenswerter Lebensinhalt. Auf jeden Fall sind kleine Kinder aber für viele Eltern, deren Lebenswünsche sich nicht erfüllten, Hoffnungsträger, Beziehungskitt, Sinnstiftungselemente oder auch Jungbrunnen oder Antidepressivum.

So gibt es immer mehr Mütter, die nach dem Motto »Mein Kind soll es einmal besser haben als ich« schon während der Schwangerschaft ihren Unterleib mit Mozart beschallen, damit sich auf diese Weise eine musikalische Hochbegabung entwickeln kann. Und die Frau des vormaligen amerikanischen Präsidenten, Hillary Clinton, startete 1997 eine 50-Millionen-Dollar-Kampagne zur gezielten Förderung von Säuglingen und Kleinkindern, weil Neurobiologen ihr gesagt hatten, dass die Vernetzung von Hirnzellen durch eine gezielte Stimulation während der Schwangerschaft und der ersten drei Lebensjahre erheblich gefördert werde. Schlimm daran ist dabei aber weniger das Unterfangen, mehr als bisher für kleine Kinder zu tun, sondern vor allem die damit einhergehende Vernachlässigung der Schulentwicklung, der Resozialisierung, der Gewalt-, Sucht- und Krankheitsprävention sowie der Integrationsarbeit bei Jugendlichen und Heranwachsenden in den USA, denen man nur noch mit Härte und mit »Law and Order« statt mit einem sensiblen Zusammenspiel von Verständnis- und Konfrontationspädagogik beizukommen versucht. Offenbar investiert eine Gesellschaft immer im gleichen Umfang in ihre jungen Menschen – entweder gleichmäßig über alle Altersstufen verteilt, was sinnvoll ist, oder ungleichmäßig nur zu Gunsten der Kleinkinder und zu Lasten der Jugend, was sinnlos ist. Zwar braucht jede Gesellschaft ein Frühwarnsystem, auch weil sich Korrekturen beim kleinen Kind leichter und billiger durchführen lassen. Aber bei der Jugend einzusparen und nur in die kleinen Kinder zu investieren, rächt sich mit Sicherheit, weil der erzieherische Aufwand bei »in den Brunnen gefallenen Jugendlichen« erheblich höher ist als bei Kleinkindern, wenn man dann überhaupt noch etwas richten kann. Die Gesellschaft darf sich also nie und nimmer so verhalten, wie es leider oft Eltern von Hauptschülern tun: Zu Elternabenden in der Grundschule gehen sie noch brav, aber kaum landet ihr Kind in der Hauptschule, verweigern sie die Teilnahme, weil sie es bereits zu einem großen Teil aufgegeben haben.

Jedenfalls können junge Menschen nur gelingen, wenn wir als Eltern, Lehrer und Politiker Verantwortung für sie für den gesamten Zeitraum von neun Monaten vor der Geburt bis zum Ende der Adoleszenz zu übernehmen bereit sind und auf diese Weise der etwas mehr als zwanzigjährige erzieherische Blindflug mit einer geglückten Landung in der Erwachsenenwelt endet.

- *Einerseits wollen immer mehr deutsche Eltern jüngere Kinder einschulen, andererseits wollen aber auch viele von ihnen schon schulreife Sechsjährige von der Einschulung zurückstellen, um ihnen den »Schonraum Kindheit« länger zu erhalten.*
- *Die frühere Einschulung liegt bundes- und europaweit im Trend. Sie betrifft Mädchen häufiger als Jungen.*
- *Ein einziger Fünfjähriger in einer Klasse von ansonsten Sechs- und Siebenjährigen hat mit hoher Wahrscheinlichkeit mehr Probleme als viele Fünfjährige in 1. Klassen.*
- *In jahrgangsübergreifenden Klassen und in der Pubertät spielen Altersunterschiede beim Lernen eher eine positive Rolle.*

Wie bereits gesagt, haben die Kultusministerien die »Stichtagsregelung« für die Einschulung vom 30. Juni auf den 30. September verlegt, was bedeutet, dass Kinder, die bis zum 30. September sechs Jahre alt werden, eingeschult werden können. Nun sind viele Eltern verunsichert, ob sie ihr Kind schon mit fast sechs Jahren in die 1. Klasse schicken sollen oder lieber erst mit fast sieben Jahren.

Am bundesweiten Schulsorgentelefon ist das mittlerweile zur häufigsten Frage geworden, zumal die Anmeldungen bzw. die Schulreifetests bereits im Januar oder Februar erfolgen, wenn das Kind eventuell erst fünfeinhalb Jahre alt ist.

Abgesehen von der Faustregel, dass Mädchen den Jungen in der Regel intellektuell und emotional etwa um ein halbes bis ein Jahr voraus sind und deshalb für eine frühere Einschulung eher geeignet sind, hängt der optimale Termin für den Schulbeginn natürlich von der individuellen Entwicklung des Kindes ab:

> Wenn Kinder körperlich schon sehr weit entwickelt und groß sind, sollte man sich für einen etwas früheren Übergang in die 1. Klasse entscheiden.

> Wenn Kinder aufgeweckt sind und bereits gut rechnen, lesen, schreiben, reden und zuhören können, wenn sie gut malen und konstruieren können sowie gruppenfähig sind, ist ebenfalls zu einer vorzeitigen Einschulung zu raten. Ansonsten langweilen sich die Kinder zu Hause oder im Kindergarten und werden ungeduldig. Wenn sie zu spät eingeschult werden, beherrschen sie vieles, was in der 1. Klasse verlangt wird, bereits so gut, dass sie sich dann erneut langweilen und deshalb eventuell schwierig werden.

> Kinder, die zwar zwischen dem 30. Juni und dem 30. September sechs Jahre

alt werden, die aber noch sehr klein, sprachlich und sozial weit zurück sowie emotional noch nicht so belastbar sind, sollten lieber ein Jahr später eingeschult werden; sie brauchen noch ein weiteres Jahr Schonraum, bevor dann auch für sie der oft mörderische Wettlauf Richtung Abitur beginnt.

> Wenn Eltern in Bezug auf die Einschulung ihres Kindes unsicher sind, sollten sie auf den Schulreifetest vertrauen, der im Allgemeinen von erfahrenen Beratungslehrern oder Schulleitern durchgeführt wird. Sie haben einen objektiveren Blick als die zwangsläufig sehr subjektiv einschätzenden Eltern, denen es durchweg an Vergleichsaspekten gegenüber allen Kindern eines Geburtsjahrgangs mangelt.

> In Schleswig-Holstein wurden fast 17 Prozent eines Geburtsjahrgangs von Sechsjährigen von der Einschulung zurückgestellt, und zwar zur Hälfte aufgrund von Schulreifetests und zur anderen Hälfte auf Wunsch der Eltern, die zwar ein schon schulreifes Kind hatten, dieses aber noch ein Jahr länger zu Hause behalten wollten. Schleswig-Holstein war mit dieser hohen Zurückstellungsquote bundesweit führend; Schlusslicht ist Bayern mit etwa drei Prozent von der Einschulung zurückgestellter Kinder. In Sachsen-Anhalt wird dagegen die »Einschulung ohne Auslese« praktiziert, mit der alle Sechsjährigen, ganz egal, wie weit sie sind, in eine »flexible Eingangsphase« kommen, die die Klassenstufen 1 und 2 ersetzt. Der Schulreifetest und auch die Untersuchung beim Schularzt sind damit entbehrlich. Diese Eingangsphase kann das Kind dann entweder ein Jahr oder zwei Jahre oder drei Jahre besuchen, bevor es in die 3. Klasse versetzt wird, in der dann wieder etwas mehr Homogenität des Klassenverbandes eintritt. Von ihren Kritikern ist diese flexible Eingangsphase als »verstecktes Sitzenlassen« abgewertet worden.

> Wenn die Schule keinen Schulreifetest mehr anbietet und die Eltern sich dennoch unsicher sind, können sie sich vom Kinderarzt beraten lassen, ob früher oder später eingeschult werden sollte.

> Wenn ein einziger Noch-Fünfjähriger, der auch noch recht klein geraten ist, zwischen ansonsten Sechs- und Siebenjährigen in der 1. Klasse sitzt, kann es recht problematisch für ihn werden, weil er leicht Opfer von Verführungen und Verfrühungen werden kann, aber auch, weil er dann mit einem höheren Risiko lebt, Mobbing-Opfer zu werden; eventuell wird er wegen seiner Kleinheit gehänselt. Nur wenn er früh genug gelernt hat, auch nein sagen zu können, und wenn er bereits seelisch sehr stabil ist, kann das gut ausgehen. Aber wir wissen auch, dass die jüngsten Kinder in Schulklassen ganz oft eine Menge an Anfeindungen und sozialen Niederlagen auszuhalten haben.

- Mit der Tendenz, dass immer mehr deutsche Eltern bereits ihre Fünfjährigen einschulen, nimmt diese Gefahr allerdings ab. Denn wenn eine ganze Reihe von Fünfjährigen in die 1. Klasse geht, sind sie insgesamt schon wesentlich besser gegen Mobbing, Verführungen und Verfrühungen gefeit, auch weil jeder Einzelne von ihnen nun nichts Außergewöhnliches mehr ist. In jahrgangsübergreifenden Klassen, wie es sie gelegentlich in Nordrhein-Westfalen gibt (zum Beispiel an der Peter-Petersen-Schule in Köln, die die Klassenstufen 1 und 2 in einem Raum zusammenführt und ebenfalls die Klassenstufen 3 und 4), treten deshalb auch gar keine unerwünschten Nebenwirkungen auf; stattdessen gibt es nur positive mitreißende Effekte durch den permanenten Wechsel von Einmal-jünger-Sein und Dann-wieder-älter-Sein.

- Ist ein Siebenjähriger allein in einer Klasse mit ansonsten nur Fünf- und Sechsjährigen, hat er hingegen eine bessere Prognose, weil er bereits stabiler ist, weil er aufgrund seines höheren Alters in einigen Persönlichkeitsmerkmalen weiter ist und weil er deshalb mehr respektiert wird als die ganz jungen Mitschüler, vorausgesetzt, er langweilt sich nicht permanent, weil er alles schon kann, was die Lehrerin erwartet.

- Der größte oder der kleinste Schüler einer Klasse zu sein ist nicht leicht. Beides kann zu Minderwertigkeitskomplexen und daraus resultierend zu Verhaltens- und zu Lernschwierigkeiten führen, denn Kinder möchten vor allem so wie andere Kinder sein; sie vergleichen sich deshalb ständig mit ihren Mitschülern, was Äußerlichkeiten anbelangt. Am äußersten Ende einer Bandbreite zu stehen erfordert daher eine große innere Stärke, die allerdings zum Glück viele Kinder von zu Hause her mitbringen.

- Schon sehr groß oder noch sehr klein zu sein hat übrigens in der Hälfte der Fälle nichts mit dem Alter zu tun, sondern mit einer Neigung zu Riesen- oder Kleinwüchsigkeit. Gegenläufig kann also mit einer früheren Einschulung von Großwüchsigen und einer späteren Einschulung von Kleinwüchsigen ganz gut eventuell sonst auftretenden Minderwertigkeitsgefühlen vorgebeugt werden. Jedenfalls gilt das für Grundschüler; ab Klasse 7 lässt sich dann erstens nicht mehr wirklich gegensteuern, und zweitens ist eine solche Ausgleichsbemühung dann auch nicht mehr so nötig, weil im Zuge der Pubertät andere Eigenschaften für die Rangordnungsbildungen eine Rolle spielen.

Wie kann ich durch geeignetes Spielzeug die Kräfte meines Kindes herausfordern?

- *Viele Erwachsene haben ihre eigene Kindheit vergessen und deshalb die Einsicht verdrängt, dass Spiel für Kinder Ernst ist, dass sie mit ihrem Spielen versuchen, sich der Welt der Erwachsenen zu nähern, sie zu verstehen und ihre Kräfte in diese Richtung zu entwickeln.*
- *Überreichlich ausgestattete Kinderzimmer dienen oft mehr der Außenwirkung als dem aktiven Spiel. Kinder armer Leute haben meist mehr Trend-Spielzeug als Kinder reicher Leute.*
- *Der Zweck des Spiels ist höher zu bewerten als die Art des Spiels. Kinder bewerten Spiele ganz anders als Erwachsene; sie haben einen weiteren Spielbegriff als Spielpädagogen.*
- *Der Konsumwahn der jungen Menschen entspricht den von Industrie und Werbung gestalteten Trends, weil Kinder mittlerweile zu einem gewaltigen Wirtschaftsfaktor geworden sind. Sie verfügen über mehr Geld und Ausstattung, als ihnen gut tut.*
- *Kinder müssen das Haushalten und Wirtschaften über Entbehrungen und Kompromisse sowie über den Aufbau einer kritischen Distanz zu Außenwirkungsmechanismen lernen.*

Was Erwachsene schon so oft verdrängt haben, ist, dass Spiel für Kinder Ernst ist und gelegentlich auch Ernst Spiel. Junge Menschen trennen nicht so scharf zwischen zweckfreiem Spiel und zielgerichtetem Ernst. Wenn sie spielen, spielen sie meist die ernsthafte Erwachsenenwelt nach, und zwar mit Krisen, Problemen und Unfällen. Ihr Spiel fördert ihre Kreativität, es erlaubt ihnen ein durch Erwachsene unbestraftes Fehlermachen, und es fördert Motorik, Flexibilität sowie soziale Interaktion und manchmal auch Kommunikation. Mit ihrem Spielen entwickeln Kinder ihre Kräfte, lernen sie die Nahwelt kennen, erproben sie Vorformen von späteren Ernstsituationen.

Einerseits ermöglicht auch perfektes technisches Spielzeug einen kreativen Umgang und das Erlernen von sozialen Interaktionen; das gilt für den Flipperautomaten genauso wie für das ferngesteuerte Auto und das Computerspiel. Andererseits sagen Spielpädagogen, dass unfertiges Spielzeug wie Bauklötze, Stabilbaukästen, Äste und Zweige, Matsch, Lehm, Ton und Knete Kinder noch etwas mehr zum Handeln, Konstruieren und Planen herausfordern würden. So unterscheidet man pädagogisch wertvolles Spielen, zu dem auch rangordnungsfreies Spielen ohne Gewinner und Verlierer gehört, und pädagogisch nicht so wertvolles Spielzeug wie Handys, Wasserpistolen und Spielkonsolen. Das ist jedoch eine

Differenzierung aus der Sicht von Erwachsenen, die die Kinder selbst oft gar nicht nachvollziehen können. Sie haben einen viel weiteren Spielbegriff, der auch Skateboardfahren, Spielen am Computer und im Internet, Pokémonkartentauschen, den verbotenen Umgang mit Glückspielautomaten und das Backen von Keksen sowie das Streichespielen und das Klauen im Supermarkt umfasst. Einige Pädagogen haben mittlerweile erkannt, dass Spielen für Kinder etwas ganz anderes bedeutet als für Spielpädagogen; sie wollen nicht mehr so ohne weiteres Spielarten in eine Rangordnung vom pädagogisch Wertvollen bis zum pädagogisch Schädlichen bringen, sondern fragen mehr nach dem Zweck des Spielens in einer konkreten Situation. Deshalb initiieren sie Rollenspiele voller Gewaltakte, damit Schüler Verhaltensalternativen für kritische Lebenssituationen gewinnen, mit denen sie angemessen Probleme lösen und lähmende Krisen überwinden können, oder sie erlauben bei großer sommerlicher Hitze ihrer Klasse, statt jetzt den Rauminhalt eines Kegelstumpfes zu berechnen, in den Gruppenraum zu stürmen, um dort an Playstations »Speed Freaks« oder »Dr. Robotnik« zu spielen. Lehrer, die so etwas zulassen, sagen: »Unterricht funktioniert besser mit konzentrierten Schülern; um sich aber konzentrieren zu können, muss man zuvor entspannt sein, also kann es nicht schaden, mit Computerspielen die Möglichkeit lustvoller und selbstbestimmter Entspannung zu eröffnen, damit danach umso leichter die Berechnung von Kegelstumpfvolumina verstanden werden kann.«

Und dabei lässt sich dann auch noch das Spaßige mit dem Notwendigen per Spiel verknüpfen: Schüler, die sonst nie ein Wort miteinander sprechen würden, werden von ihrem Lehrer zu Spielpartnerschaften zusammengeschlossen, so dass sie beginnen, sich wechselseitig zu schätzen und miteinander zu kommunizieren. Die Art des Spielens ist also weniger bedeutsam als die auf diese Weise erhöhte soziale Integration in der Klasse.

Natürlich freuen sich Pädagogen mehr, wenn Kinder miteinander etwas bauen oder konstruieren, wenn sie im Spiel soziale Probleme lösen, wenn Spielen die Familie zusammenführt oder auch nur Vater und Sohn, wenn darstellendes Spiel auch die Sprachentwicklung, das Selbstwertgefühl und das ästhetische Empfinden erhöht. Aber das Spielen am Computer fördert auch Fähigkeiten, die später im Beruf oder im Studium wichtig sein können.

Allerdings gibt es auf diesem Sektor auch ganz schreckliche Spiele, in denen es um das Töten von Menschen, um das Diskriminieren von Minderheiten und um das Quälen von Tieren geht. Aber selbst rechtsradikale und ausländerfeindliche oder pornographische Computerspiele richten bei intelligenten und älteren Kinder nicht unbedingt bleibende Schäden an, wenngleich solche Spiele natürlich keinesfalls zu tolerieren sind.

Kinder lassen sich die Bewertung ihrer verschiedenen Spiele nicht gern von Erwachsenen abnehmen, ja, sie neigen sogar dazu, gerade das spielen zu wollen, was die Erwachsenen ihnen untersagen oder was diese verpönen. Es ist für sie besonders prickelnd, das Verbotene zu spielen, wie wir von den Doktorspielen wissen, die fast jedes Kind einmal ausprobiert, um sich selbst besser im Umgang mit seiner Sexualität und derjenigen anderer Kinder kennen lernen zu können.

Mittlerweile sind sogar viele Lernspiele auf dem Markt, also Spiele, die vom Kind einerseits tatsächlich als Spiele empfunden werden, über die es sich aber andererseits auch erwünschte Inhalte aneignet. So gibt es Lern- und Eingreifprogramme, die Kindern das spielerische Erlernen von Mathematik, Englisch oder Orthographie erlauben oder über die sie – wie bei den »Löwenzahn«-CD-ROMs – rasch in ein naturwissenschaftliches, geographisches, kulturelles oder historisches Grundwissen eingeführt werden. Denn Lernen funktioniert nun einmal leichter mit guter Laune, mit Humor und mit Spiel; jedenfalls ist das besser, als wenn es sich todernst ereignet, wenn es mit schierer Angst vor etwaigem Scheitern verbunden wird oder mit bloßem Konsum.

Viele Kinder wollen Spielzeug besitzen, es ansammeln, um es zu haben, aber nicht unbedingt, um mehr als einmal damit zu spielen. Sie sammeln Stofftiere und Spielzeugautos, Accessoires der Pokémon-Welle und Fußbälle, um sie in ihrem Kinderzimmer aufzubewahren, aber nicht, um sie zu benutzen. So manches deutsche Kinderzimmer ähnelt einer Warenhausabteilung, einem Puppenmuseum oder einem Stand auf einer Spielzeugmesse, aber das besitzende Kind spielt kaum mit all diesen Dingen. Voller Stolz führt es seinem Freund oder seiner Freundin vor, wie gut es ausgestattet ist und wie reich es beschenkt zu werden pflegt, aber wenn es allein in seinem multimedial ausgerüsteten und mit Spielwaren dekorierten Zimmer hockt, dann weiß es nicht so recht etwas damit anzufangen. Dann schmiegt es sich immer wieder nur ganz eng an seinen schon immer wieder gewaschenen alten Teddy und ist trotz des überreichen Angebots ganz arm.

Kinder sind heute ein gewaltiger Wirtschaftsfaktor und verfügen über immer mehr Geld. Im Schnitt hatte jeder Einzelne der zehn Millionen deutschen Sechs- bis 17-Jährigen im Jahr 2000 1.944 Mark zur Verfügung, das ist ein Anstieg von 136 Mark seit 1999. Das mittlere monatliche Taschengeld ist auf 52 Mark angestiegen, dazu kommen dann noch Geburtstags- und Weihnachtsgeschenke, Zuwendungen von Verwandten, Gelder zur Konfirmation, Kommunion oder Jugendweihe und Einnahmen aus Jobs und Sparguthaben.

Fast jeder Junge zwischen sechs und neun Jahren besitzt ein Mobiltelefon, 39 Prozent aller Schüler haben einen eigenen Fernseher auf ihrem Zimmer, 34 Prozent einen CD-Player, und 17 Prozent verfügen über einen Videorekorder ganz für sich allein. Zu den »sozialen Spielzeugen« gehören dann auch Kleidung, Kosmetika und teure Frisuren. So legen 44 Prozent der Mädchen zwischen zehn und 13 Jahren Wert auf sehr teure Haarshampoos, die nur sie verwenden, nicht aber ihre Eltern und Geschwister.

Nach der »Kids Verbraucheranalyse 2000« des Axel-Springer-Verlages verfügen die Sechs- bis 17-Jährigen in Deutschland zur Zeit über mehr als 19 Milliarden Mark; jeder von ihnen hat im Durchschnitt 1.075 Mark auf seinem Sparbuch. Bereits jeder fünfte Grundschüler hat eine eigene Stereoanlage auf seinem Zimmer, und 5,2 Millionen junge Menschen zwischen sechs und 17 besitzen schon einen eigenen Computer. Ist es da tröstlich, dass jede vierte Mark von Kindern und Jugendlichen für das gemeinsame Verbringen der Zeit mit Freunden, für Musikhören, für Videofilme, für ein Buch, für einen Comic oder für eine Zeitschrift ausgegeben wird? Übrigens dürfen bereits 46 Prozent der Sechs- bis Neunjährigen mit ihrem Taschengeld machen, was sie wollen, ohne Rücksprache mit ihren Eltern zu nehmen.

Nach Ansicht des Jugendforschers Klaus Hurrelmann sind jedoch die meisten der Kinder und Jugendlichen damit überfordert; sie geben viel zu viel Geld für Unsinniges aus, sie schaden ihrer Gesundheit mit einem Übermaß an Süßigkeiten, und sie bereuen die meisten ihrer Ausgaben nach kurzer Zeit. Also fordert Hurrelmann, »dass sie schon im Kindergarten spielerisch« erfahren, welche Bedeutung das Geldausgeben und Wirtschaften für sie selbst und für andere hat. Dazu muss dann auch gehören, sie in eine kritische Distanz zu den aktuellen Trends zu bringen, die von Gleichaltrigen, von Schaufensterauslagen, von Warenhaussortimenten und von Werbespots sowie von Fernsehfilmen und Jugendzeitschriften wie »Bravo« ausgehen.

Der Konsumwahn von jungen Menschen hat viele Aspekte:

> Der Zugzwang, der vom Besitz Gleichaltriger ausgeht, wird immer größer. Das konnte man gerade am Sog ablesen, den die Kickboards und die Harry-Potter-Bücher auf fast alle Kinder ausgeübt haben.

> Der eigene Wert wird nicht nur an der Vielzahl des Besitzes von Kleidung, technischen Geräten, CDs, Spielgeräten und Kosmetika festgemacht, sondern auch an den Markenfirmen, die diese Dinge produzieren. 34 Prozent der Sechs- bis 17-Jährigen wünschen sich ein Handy, und 31 Prozent von ihnen wollen eines der Marke Nokia, acht Prozent von Siemens und sieben Prozent von Motorola. Ohne Markenklamotten, die gerade »voll im Trend« sind, traut sich kaum noch jemand auf die Straße.

> Arme Kinder werden von ihren Eltern mittlerweile reicher ausgestattet als gutsituierte Kinder, weil die Eltern gegenläufig auf die Trends und Konsumzwänge reagieren: Arme Eltern erfüllen aus einem schlechten Gewissen heraus eher die Wünsche ihrer Kinder als reiche Eltern, die auch zum Verzicht, zum Haushalten und zum Ansparen erziehen wollen.

> Wenn die Wünsche die finanziellen Möglichkeiten übersteigen, gleichzeitig

aber der Sog der Statussymbole zunimmt, geraten Kinder in Dilemmata. Um ihren Eigenwert und ihre Außenwirkung zu sichern oder auszubauen, neigen sie daher zunehmend zum Beklauen ihrer Eltern, Geschwister, Großeltern und Kameraden und zum Stehlen in Kaufhäusern und Supermärkten.

> Materialismus und Konsumwahn führen dazu, dass der Schein wichtiger wird als das Sein. Was ich habe und anhabe, ist bedeutsamer als das, was in mir ist oder nicht ist. Also müssen Eltern, Kindergärtnerinnen und Lehrer den Weg von Innen nach Außen umdrehen, sie müssen die bloße Außenwirkung abwerten, und zwar in Gesprächskreisen und mittels Rollenspiele. Nur über die Bewusstmachung und Verpönung der übersteigerten Außenwirkung lässt sich eine kritische Distanz zu Äußerlichkeiten, zu Werbeeffekten und zu Trends aufbauen, mit der der Blick für innere Werte wieder frei wird. Eltern müssen dabei jedoch Kompromisse eingehen: Wenn sie nur noch No-name-Kleidung zulassen, überfordern sie die Stärke und das Neinsagen-Können ihres Kindes, es droht Außenseiter zu werden oder ausgelacht oder gehänselt zu werden. Geben sie jedem Wunsch hingegen nach, verwöhnen sie ihr Kind und überhöhen die Bedeutung von Äußerlichkeiten. Ein guter mittlerer Weg ist daher, immer abwechselnd einen Wunsch zu erfüllen und einen nicht, also einen Markenpullover von Tommy Hilfiger zuzulassen und gleichzeitig auf einer No-name-Jeans zu bestehen…

Noch einmal zum Spielverhalten: Es gibt Kinder, die weder allein noch mit anderen spielen können; solche, die zwar allein spielen können, aber nicht mit anderen; solche, die nur mit anderen spielen können, aber nicht allein; und solche, die sowohl gut allein spielen können als auch mit anderen. Einzelkinder können durchweg auch allein gut spielen; Kindern, die immer mit Geschwistern und anderen im Kindergarten oder in der Ganztagsschule zusammen sind, gelingt dies oft nur schlecht; mit Spielsachen überversorgte Kinder, die selten Kontakt zu Gleichaltrigen haben, können oft gar nicht gut spielen, ohne dass sie von Erwachsenen angeleitet werden; und Kinder, die normal dosiert mit Spielzeug und Spielkameraden umgeben sind und die mehr über konstruktives als über fertiges Spielzeug verfügen, können meist in jeder Lebenslage und Konstellation gut spielen, wenn sie oft spielen durften.

Abschließend noch ein Wort zum Überfluss und zum Mangel an Spielzeug in Bezug auf die Verhältnisse in der Umgebung des Kindes: Kinder, die in zerstörten Nachkriegsregionen aufwachsen, beschäftigen sich beim Spielen eher aufbauend und konstruktiv, während Kinder in allzu perfekt geregelten Überflusszeiten eher zum Demontieren oder Zerstören neigen. Nach dem Zweiten Weltkrieg in Deutschland und jetzt in Bosnien, im Kosovo und in Serbien bevorzugten bzw. bevorzugen Kinder Spielmaterial wie Drähte, Kartons, Dosen, Sand, Holz, Steine oder Stabilbaukästen, Elektrokästen, Spielzeugeisenbahnanlagen oder Lego-Material, mit denen sie selbst etwas erbauen, herstellen, montieren, in die Höhe ziehen oder funktionaler machen konnten oder können. In einem geregelten Wohlfahrtsstaat wie Deutschland, in dem nicht nur aus Kindersicht alles übertrieben geordnet ist, wollen viele Kinder nur noch auseinander nehmen oder kaputtmachen. Dabei gerät dann Spiel zum Ventil, zum aktiven Aufarbeiten von Traumata, zum Kompensieren der von Erwachsenen gemachten Realität.

Wann sind Medien förderlich und wann schädlich?

- *Die Medien selbst sind weniger das Problem als der sachgemäße Umgang mit ihnen.*
- *Kinder können über die Medien sogar mehr Positives lernen als in der Schule, vorausgesetzt, die Eltern wählen die Medien genau aus, dosieren den zeitlichen Gebrauch und begleiten die Anwendung mit Gesprächen.*
- *Die Medien allein sind nicht schuld an der Spirale der Gewalt; es müssen mindestens zwanzig Lebensfaktoren zusammenkommen, damit ein Kind gewalttätig wird; umgekehrt gilt aber auch, dass Kinder mit vielen ungünstigen Lebensfaktoren nicht zwangsläufig gewalttätig werden müssen.*
- *Jüngere, viel fernsehende und nicht so intelligente Kinder sind durch Fernsehgewalt mehr gefährdet als ältere, wenig fernsehende und intelligente Kinder.*
- *Der Computer nützt beim Lernen umso mehr, je lernschwächer ein Kind ist.*

Kinder lernen zwar in Familie und Schule immer noch mehr als in den Lebenswelten Medien und Gleichaltrigkeit zusammen, aber nur bis zum 14. Lebensjahr. Für Jugendliche sind die Lebenswelten Medien plus Jugendkultszenerie bedeutsamer als das, was ihnen in Familie und Schule vermittelt wird. Zwar lernen sie in der Schule systematisch das absichtsvoll von den Lehrern Ausgewählte, während sie sich Medieninhalte ohne jeden Erziehungsauftrag aneignen, was jedoch über den Bildschirm, den Walkman, den Diskman und die Printmedien zu ihnen hinüberschwappt, ist wesentlich mehr an Reiz- und Lernmenge. Vieles wirkt dabei positiv, anderes ist aber auch unwichtig oder gar schädlich.

Junge Menschen, die in einem multimedial vernetzten Kinderzimmer mit einer Fülle von Printmedien zwischen »Bravo«, Computerfachzeitschriften, Motorradmagazinen und Reiterzeitschriften aufwachsen, haben bereits ganz andere Hinvernetzungen bzw. Neuronensynapsen als Erwachsene. Sie haben das meiste dabei per »trial and error« gelernt, einiges durch zufälliges Zappen aufgeschnappt, manches sich aktiv per Mausklick aus dem Internet geholt, wieder anderes im Sinne positiven Lernens aufgenommen, z.B. aus Tierfilmen oder Sendungen über Vulkanausbrüche oder das Weltall. Aber sie haben auch die nachmittäglichen »Schmuddel-Talkshows« oder Passagen aus den »Big-Brother«-Folgen und gelegentlich Wrestling-Shows, gewaltreiche Action- und Horror-Filme gesehen sowie Pornographisches nach Mitternacht.

An ihrer Spielkonsole und per Computerdiskette haben sie gelernt, sehr schnell das Auge mit den Fingerspitzen zu koordinieren und mit hoher Reaktionsgeschwindigkeit von der siebten in die achte Ebene eines möglicherweise gewaltverherrlichenden, rechtsextremen, ausländerfeindlichen oder sexistischen Spiels zu gelangen, und so manche Schulaufgabe haben sie mit Hilfe des Internets lösen können. Sie pflegen per Chat-Corner und E-Mail Brieffreundschaften bis nach Kanada, Schweden oder Japan, sie orientieren sich am Sprachcode anderer junger Menschen, die auf dem Bildschirm Seriendarsteller sind, und sie erkennen modische Trends, aktuellen Musikgeschmack und zeitgemäßes Freizeitverhalten per Werbung und Reportagen sowie in Filmen. Letzteres übt den Druck aus, stets »in« zu sein und keine Zeitgeistwelle zu versäumen. Außerdem werden die entferntesten weltweiten Katastrophen und Kriege in Sekundenschnelle bis an das Bett ihres Kinderzimmers transportiert, und das mit solcher Wucht und Reizfülle, dass sie es kaum sortieren und bewerten können.

Jüngere, viel fernsehende und nicht so intelligente Kinder werden sehr viel stärker von der Bildschirmwelt in Bann gezogen als ältere, wenig fernsehende und intelligente Kinder. Ihnen fällt es leichter auszuwählen, Distanz zum Gesehenen aufzubauen und es kritisch zu bewerten sowie sich mit ihren Eltern darüber zu unterhalten. Fernsehen an sich ist für Kinder kein Problem, denn es ist zunächst einmal eine neutrale Lebenswelt, die unser aller Leben ebenso bereichern kann wie Bücher. Aber auf den förderlichen Umgang mit den Medien kommt es an. Wichtig für Kinder sind jedenfalls die drei Aspekte Auswahl, zeitliche Dosierung und Gesprächsbegleitung:

> Je jünger Kinder sind, desto mehr müssen die Eltern auswählen, was gesehen werden darf.

> Der Fernsehkonsum muss zeitlich dosiert werden: Kinder im Alter von null bis drei Jahren sollten nie vor der »Glotze« sitzen, weil ihre Augen damit noch überfordert sind. Kinder von drei bis vier Jahren können bis zu 20 Minuten am Tag fernsehen, z.B. die Sesamstraße, die Sendung mit der Maus, das Sandmännchen oder die Teletubbies. Fünf- und Sechsjährige sollten nicht mehr als 30 Minuten täglich sowohl zu Hause als auch im Kindergarten oder in der Schule vor dem Fernseher, dem Computerbildschirm, der Playstation und dem Videorekorder verbringen. Von sieben bis neun Jahren können es jeweils bis zu 45 Minuten sowohl zu Hause als auch in der Schule sein. Zehn- bis 13-Jährige dürfen nicht mehr als jeweils eine Stunde sowohl zu Hause als auch in der Schule am Bildschirm sehen und arbeiten; vom 14. Lebensjahr sollten es nicht mehr als jeweils zwei Stunden täglich sein, und in Oberstufenkursen vor dem Abitur nie mehr als zwei bis drei Stunden täglich, selbst wenn das Computerlernen sich irgendwann im Rahmen der Aktion »Schulen ans Netz« vollends in Deutschland durchgesetzt hat.

> Bis zum Alter von 13 Jahren sollten die Eltern wissen, was ihre Kinder am Bildschirm sehen und arbeiten, und sie sollten vieles davon gemeinsam mit ih-

nen angucken, spielen und erarbeiten sowie durch begleitende Gespräche relativieren, einordnen, bewerten, und zwar mit einem hohen Maß an kritischer Distanz, die die Autonomie des jungen Menschen bewahrt und ihn auch zum Neinsagen-Können hin stärkt. Vom 14. Lebensjahr an lassen sich junge Menschen nicht mehr gern in ihren Bildschirmkonsum hineinreden, ebenso wie sie sich auch nicht mehr unbedingt erziehen lassen wollen. Eltern und Lehrer können sich dann eigentlich nur noch begleitend und hin und wieder beratend zur Verfügung halten. Wenn sie versuchen, immer noch den Bildschirmkonsum zu regeln, ihn zu verbieten oder zu bestrafen, drängen sie ihre Kinder zu Heimlichkeiten, die sie nicht mehr kontrollieren können; außerdem erhöhen sie damit gegenläufig zu ihrer eigentlichen Absicht die Attraktivität des von ihnen Abgelehnten. Und wenn der gewünschte Medienkonsum zu Hause nicht funktioniert, dann gucken die Jugendlichen eben bei Freunden. Das Verbotene zu sehen ist für Jugendliche besonders prickelnd, weil es ihr Bedürfnis nach Abenteuerlust bzw. Grenzübertritt befriedigt. Jedenfalls hat sich die in den USA übliche Praxis der bestimmten Filmen vorgeschalteten Hinweise, dass soundso viele Gewaltakte im folgenden Streifen vorkommen, ebenso wenig bewährt wie die bei uns in Deutschland durch die freiwillige Selbstkontrolle der Medienanstalten übliche Angabe »geeignet ab soundso vielen Jahren«, weil Kinder am liebsten sehen und spielen wollen, was ihnen nicht erlaubt ist. Gewaltkonsum kann dabei für sie sogar zum Faszinosum geraten. Da das Internet mit seinem Wust an Ungeordnetem, Gewaltreichem und Pornographischem noch über Jahre hinaus national nicht kontrollierbar und regelbar sein wird, lässt es sich unter den Gesichtspunkten Förderliches und Schädliches weder sortieren noch pädagogisch sinnvoll gestalten. Was uns bleibt, ist also nur die Möglichkeit, Kinder gegen die schädlichen Einflüsse des Netzes zu wappnen, indem man sie darin stärkt, dass zu verpönen, was wir selbst für lapidar, unsinnig, falsch oder gefährlich halten.

Aber was ist denn nun an den Medieneinflüssen schädlich? Und wann sind sie förderlich? Zunächst zu den schädlichen Wirkungen:

> Indirekt schädlich ist, wenn schon Fünf- und Sechsjährige täglich sieben oder gar neun Stunden vor der »Glotze« hängen; sie haben dann Bewegungsdefizite, die bis zur Rechenschwäche führen können, sie haben gleichermaßen Bezugspersonen-, Spiel- und Ansprachemangel, der Lese-Rechtschreibschwäche, Vereinsamung, aber auch schlechtere Kommunikationsfähigkeit nach sich ziehen kann. Für sie fallen dann die wirkliche, dreidimensionale und die virtuelle, zweidimensionale Welt in einer Weise auseinander, dass ein unstimmiges, also unrealistisches Weltbild, Handlungskompetenz- und Konfliktlösungkompetenzdefizite sowie Wahrnehmungsschwächen die Folge sind.

- Viel fernsehenden, jüngeren und weniger intelligenten Kindern gelingt die Überbrückung zwischen virtueller und wirklicher Welt nicht mehr. Das actionreiche farbige Bild aus irgendwelchen Luxuswelten passt nicht zu ihrem grauen Alltag in ihrer trostlos langweiligen Nachbarschaft. Frust baut sich auf, und der kann dann oft nur durch Aggressionen kanalisiert werden, jedenfalls bei Jungen. Bei Mädchen wirkt sich dieser Frust meist autodestruktiv aus; sie neigen dann zu Essstörungen, zu Depressionen, Drogenkonsum oder Selbstverletzungen. Wohlgemerkt: Auf das Fernsehen allein ist ein solches Fluchtverhalten jedoch nicht zurückzuführen; es müssen schon viele Faktoren wie Armut, schulisches Scheitern, das eigene Aussehen, mit dem nur schwer Freunde oder Freundinnen zu gewinnen sind, ein unzeitgemäßer Führungs- bzw. Erziehungsstil der Eltern sowie Stress in der Familie und Misserfolge in der Schule zusammenkommen, damit Jungen aggressiv oder Mädchen autodestruktiv werden. Außerdem sind natürlich auch einige Jungen autodestruktiv, einige Mädchen aggressiv und viele Kinder weder autodestruktiv noch aggressiv, obwohl noch mehr ungünstige Lebensfaktoren und ein übermäßiger Bildschirmkonsum bei ihnen zusammentreffen.

- Medien sind schädlich, wenn das Kind mit dem, was es über sie erlebt, allein gelassen wird, wenn es derart damit überfordert wird, dass sich in ihm Ängste aufbauen, wegen denen es schlecht schläft oder Alpträume bekommt, und wenn es handlungs- oder konfliktunfähig oder sogar suizidgefährdet wird, oder wenn die Medien zu Oberflächlichkeit und damit zu Vorurteilen verleiten.

- Medien sind Trendgestalter und -auslöser; junge Menschen wollen kaufen, besitzen, konsumieren und nachmachen, was die Werbespots ihnen vorgeben, was Ähnlichaltrige in nachmittäglichen Talkshows ihnen an Weltbildorientierung übermitteln, was über MTV oder VIVA an Musikgeschmack transportiert wird, was ihnen Politiker vorleben, was sie an gewalttätigen Vorbildern serviert bekommen und was ihnen an Lebensstil vorgegaukelt und in Bezug auf Sprachverhalten vorgemacht wird. Sie geraten dabei in vielerlei Konsumzwänge, oft mit verheerender Auswirkung auf die Geschmacksbildung. Denn Produkte aller Art verkaufen sich zu Lasten der elterlichen Geldbörse wie von selbst, wenn sie an erfolgreiche Fernsehfiguren gekoppelt sind.

- Durch gewaltreiche Spiele und Kriegsberichterstattungen, die das Töten von Menschen bagatellisieren, können die Hemmschwelle für den Einsatz von Aggressionen reduziert und die Neigung zu Gewalttaten und martialischem Auftreten eintrainiert werden. Pornographisches in nächtlichen Filmen kann zu sexuellen Verfrühungen führen, und Ausländerfeindlichkeit und Rechtsradikalismus können begünstigt werden, wenn Andersartiges nicht als unser Leben bereichernd dargestellt wird, sondern Ängste geweckt werden, aus denen dann Feindbilder entstehen.

- Das Flimmern des Bildschirms kann für die Augen schädlich sein, seine Strahlenbelastung kann sich negativ auf die Brustdrüsen auswirken und das lange Sitzen vor dem Fernsehapparat oder Computer kann zu Haltungsschäden führen. Hier gilt auch die Formel: So lange, wie Kinder pro Tag vor Bildschirmen passiv konsumieren, spielen oder arbeiten, müssen sie sich auch draußen bewegen. Wer zwei Stunden an der Playstation hockt, muss sich danach zwei Stunden auf dem Skateboard, den Roller Blades, dem Kickboard, dem Bolzplatz abreagieren.

- Die Bildschirm- und Printmedienwelt birgt die Gefahr, dass junge Menschen Äußerlichkeiten überbewerten. Sie versäumen es deshalb oft, daran zu arbeiten, selbstständig, handlungsfähig und konfliktkompetent zu werden.

Medien können aber auch sehr förderlich sein:

- Durch Medien können Kinder außerordentlich viel über naturwissenschaftliche, historische, soziale, politische, wirtschaftliche und künstlerische Zusammenhänge lernen.

- Der Umgang mit dem Computer und dem Internet schafft hohe Kompetenzen, die eine gute Ausgangsposition für eine berufliche Karriere sind. Informationskompetenz, Erkundungsfähigkeit, Teamfähigkeit, kommunikative Stärke, vernetzendes Denken, Kreativität und eine andere Fehlerkultur, bei der Lernen eher mit Motivation als mit Angst verknüpft wird, lassen sich durch die neuen Medien besonders gut fördern, vor allem wenn das Kind nicht allein vor dem Bildschirm sitzt, sondern wenn Probleme am Computer zu mehreren angegangen und gelöst werden. Einen »Internet-Knigge« für Schulen hat übrigens die Bertelmanns-Stiftung in Gütersloh vorgestellt. Das elektronische Benimm-Lexikon enthält Empfehlungen für den Unterricht mit den neuen Medien. Bislang fühlten sich erst 13 Prozent der deutschen Lehrer beim Einsatz des Internets in der Schule sicher, begründet die Stiftung die »Nachhilfe« für Pädagogen. Bei den Tipps geht es zum Beispiel darum zu verhindern, dass Schüler auf rechtsextremen oder pornographischen Internet-Seiten landen. Zu diesem Zweck müssen sowohl die Jugendlichen als auch Lehrer und Eltern mehr Medienkompetenz entwickeln. Außerdem sind Filtersysteme zur technischen Kontrolle wie in den USA nötig. Deutschland hat beim Umgang mit jugendgefährdenden Internet-Inhalten an Schulen viel aufzuholen. Das gilt besonders bei der Anwendung von Verhaltensregeln im Internet, den so genannten »Netiquetten«, die für einen höflichen Stil bei der Verbreitung von Informationen im Netz plädieren.

- Mit fremdsprachlicher Software und mit Förder- und Eingreifprogrammen lassen sich Lerndefizite erfolgreicher kompensieren als mit herkömmlichen Belehrungsmethoden. Je schwächer Kinder sind, umso mehr profitieren sie von der Arbeit am Computer; am meisten nützt er daher kleinen Kindern, Jungen, geistig Behinderten, Lernbehinderten, Hauptschülern, einseitig talentierten oder motivierten Schülern, Legasthenikern, Dyskalkulikern, Hyperaktiven, Hochbegabten, Wahrnehmungsgestörten, Hörgeschädigten, jungen Menschen mit nichtdeutschen Muttersprachen, solchen ohne Schulabschluss, ohne Ausbildungsvertrag und ohne Job.

- Nützlich sind die Medien da, wo sie den Lehrer vom frontalen und bloß auf ihn zentrierten Unterricht entlasten können. Er gewinnt dann Zeit für einzelne schwierige Schüler oder solche mit Lern- oder Sozialisationsdefiziten, vorausgesetzt, er kann den anderen Schülern eine geeignete Lernsoftware oder andere Materialien zur Verfügung stellen.

- Förderlich sind Medien aber auch, wenn man sie zum Anlass nimmt, ihre Allmacht in Frage zu stellen und den Schüler lehrt, sie mit kritischer Distanz zu betrachten.

- Mit geeigneten Lernprogrammen für den Computer können methodisch überforderte Eltern ihren Kindern bei den Schulaufgaben, bei Teilleistungsschwächen und nach längeren Krankheits-, Erschöpfungs-, Schulmüdigkeits- oder Stressphasen eine Unterstützung gewähren, die sie selbst entlastet und die gleichzeitig ihre Kinder darin unterstützt, in der Schule (wieder) erfolgreich zu sein.

- Mit dem Computer lernen Kinder in zwei Fünfteln der bisherigen Zeit, die Lehrer für das Organisieren von Lerneffekten benötigen, etwa das Dreifache an Lernstoff, der dann auch noch dreimal so lange in ihrem Gedächtnis haften bleibt. Allerdings ist Deutschland mit der Computerausstattung seiner Schulen noch recht weit zurück: Während deutsche Schulen in Schnitt über 39 PCs verfügen, gibt es in den USA durchschnittlich 114 PCs pro Schule; erst 33 Prozent der deutschen Schulen verfügen über einen Internetanschluss, während das schon bei 95 Prozent der Schulen in den USA der Fall ist. Und auch bei der häuslichen Computerausstattung liegen die Sechs- bis 19-Jährigen in Deutschland nur im Mittelfeld: In Russland haben ein Prozent einen

Computer, in Frankreich 31 Prozent, in Deutschland 34 Prozent, aber in den USA 52 Prozent und in Dänemark sogar 54 Prozent. Übrigens sind von den deutschen Internetnutzern zur Zeit nur 4,8 Prozent bis 19 Jahre alt, aber 30,4 Prozent zwischen 20 und 29 Jahre, 33,9 Prozent zwischen 30 und 39 Jahre, 18,4 Prozent zwischen 40 und 49 Jahre und 12,4 Prozent über 50 Jahre alt. In den alten Bundesländern haben 15 Prozent der Haushalte einen Internetzugang und in den neuen Ländern 10,6 Prozent; während in Deutschland 73,9 Prozent aller Internetnutzer Männer und nur 26,1 Prozent Frauen sind, ist das Geschlechterverhältnis in den USA inzwischen schon ganz ausgeglichen. Aber wir gehen insofern besseren Zeiten entgegen, als zwar noch in den Oberstufen deutscher Schulen die Jungen besser im Umgang mit Computer und Internet sind als die Mädchen, doch in den Klassenstufen 5 und 6 haben die Mädchen inzwischen die Jungen schon hinter sich gelassen, weil sie erstens in der häuslichen Computerausstattung mittlerweile die Jungen eingeholt haben und weil sie zweitens mehr am Computer arbeiten, als an ihm zu spielen, während es bei den Jungen umgekehrt ist. Alle diese Zahlen sind übrigens vom Computerspielemuseum in Berlin ermittelt worden.

- *Kleine Jungen weinen mehr, eher, lauter und länger als kleine Mädchen; Männer weinen mehr als Frauen, aber sie tun es versteckt; Männer weinen eher aus Anlass von Siegen und Niederlagen, Frauen eher aufgrund von Demütigungen.*
- *Jungen kaschieren ihre emotionale Schwäche mit äußerer Stärke.*
- *Kleine Jungen bis zum elften Lebensjahr brauchen mehr Nähe, Emotionalität und Körperkontakt als kleine Mädchen.*
- *Wir müssen liebevolle Väterlichkeit gegen brutale Männlichkeit setzen, und wir benötigen eine Jungenpädagogik.*
- *Wenn wir das Weinen der Kinder nicht bejahen, zwingen wir sie in Aggressionen.*

In der schulpädagogischen Diskussion der 1970er Jahre sprach man von kognitiven, sozialen und emotionalen Lernzielen. Die kognitiven Lernziele bezogen sich dabei auf die Entwicklung des Verstandes, der Logik, des Wissens und des Gedächtnisses, auf das Zahlenverständnis, auf das Raumvorstellungsvermögen und auf fremdsprachliche Kompetenzen; alles das sitzt im Wesentlichen in der linken Hirnhälfte des Menschen.

Die sozialen und emotionalen Fähigkeiten haben aber wie die musischen, kreativen und kommunikativen eher etwas mit der rechten Hirnhälfte zu tun.

Wenn kleine Jungen mehr, eher, länger und lauter weinen als kleine Mädchen, wenn erwachsene Frauen pro Tag durchschnittlich 11.000 Wörter mehr sprechen als Männer und wenn kleine Jungen bis etwa zum elften Lebensjahr mehr Nähe zu ihren Bezugspersonen und mehr Körperkontakt als kleine Mädchen benötigen, aber weniger als diese bekommen, dann hat das etwas mit der Entwicklung und der Vernachlässigung der rechten Hirnhälfte zu tun.

Viele Kinder und zumal Jungen scheitern an ihren unterentwickelten emotionalen Kompetenzen in vielen Lebenssituationen. Sie weinen und bauen Ängste auf, weil sie die Balance ihres Gefühlslebens nicht hinbekommen; sie schützen sich mit äußerer Härte und Stärke gegen ihre innere Schwäche, indem sie sich hinter einer martialischen äußeren Aufmachung, einer »coolen« Außenwirkung und einem Kraft vorgaukelnden Macho-Gehabe verstecken.

Die Kombination von erzieherischer Reduktion auf die bloße Gestaltung der linken Hirnhälfte mit Moralpredigten, Belehrungen, Grenzsetzungen und Herausforderungen per Sanktionsandrohungen sowie Wiederaufleben und Import von alten soldatischen und patriarchalischen Männlichkeitsidealen lässt immer mehr Jungen und junge Männer mit ihren emotionalen, sozialen und demokratiedefizitären inneren Schwächen auf der Strecke bleiben. Jungen haben wieder Angst, weich oder feminin zu wirken; sie finden zugleich zur Zeit wesentlich mehr brutale Männlichkeit auf dem Bildschirm und in ihrer Nachbarschaft repräsentiert als liebevolle Väterlichkeit, und zwar weil sie erstens oft keinen Vater mehr haben, weil sie zweitens überwiegend mit Frauen aufwachsen, weil drittens die wenigen Männer, die ihnen überhaupt noch »anfassbar« in ihrer Umgebung zur Verfügung stehen, oft wegen der Diskussion um sexuellen Missbrauch auf dem emotionalen Rückzug sind, und viertens weil auch viele Mütter Männlichkeitsgebaren bei kleinen Jungen mehr schätzen als Schmusigkeit.

So gibt es nicht selten folgende Situation: Der eigentlich optimal erzogene 13-Jährige aus gutsituiertem Milieu kommt mittags aus der Schule nach Hause und begrüßt seine von ihm geliebte Mutter mit einem leichten Boxhieb in den Bauch statt mit einem Küsschen; die Mutter schreit »au«, weiß aber zugleich, dass ihr Sohn den Boxhieb liebevoll gemeint hat; aber im Rahmen seiner pubertär hilflosen Suche nach seiner Rollenidentität wollte er männlich wirken, wollte er nicht weich oder feminin und schon gar nicht schwul erscheinen. Deshalb hat er seinen Nähe- und Körperkontaktwunsch gegenüber seiner Mutter so kraftvoll ausfallen lassen, darauf vertrauend, dass Mama das nicht als gewalttätigen Ausfall interpretiert, sondern als liebevolle Männlichkeit eines kleinen Machos, der kein kleiner zerbrechlicher, krankheitsanfälliger und in der Entwicklung den Mädchen hinterherhinkender Junge mehr ist.

Jungen hinken nämlich in ihrer körperlichen und geistigen Entwicklung zwischen dem fünften und siebten Lebensjahr den Mädchen etwa ein halbes Jahr hinterher, in ihrer seelischen aber fast ein ganzes Jahr. Sie sind anfangs »Seelchen«, die von ihren Vätern emotional überfordert werden, weil sie schon früh männlich sein sollen. So kommt es bei türkischen Jungen oft zu dem großen Entwicklungsbruch, wenn sie bis etwa zum elften Lebensjahr als Kind behandelt werden und dann von heute auf morgen von ihrem Vater zum Mann erklärt werden. Sie müssen ihren immer noch weichen Kern auf einmal mit einem Macho-Gehabe verdecken, weil sie anders ihre Seele nicht zu schützen vermögen. Die Spirale der Gewalt in unserer Gesellschaft hat sehr viel mit der Vernachlässigung der Herausforderung und Stärkung der emotionalen Anteile von Jungen zu tun, denn Gewalt ist vor allem männlich und pubertär, wie die Kriminalitätsstatistiken belegen.

Wie können wir es also schaffen, die emotionale Entwicklung von Kindern zu fördern, um damit die Gewaltproblematik in unserer Gesellschaft zu verringern?

> Vor allem müssen die Männer in der Erziehung, also insbesondere die Väter und Lehrer, ermuntert werden, wieder mehr Mut zur Nähe, zu Emotionalität und Körperkontakt, zum Repräsentieren von liebevoller Väterlichkeit gegen brutale Männlichkeit zu zeigen.

> Dafür brauchen wir einerseits mehr männliche Pädagogen in Kindergärten und Grundschulen, und andererseits müssen allein erziehende Mütter organisieren, dass im Umfeld ihrer Kinder, zumal ihrer Söhne, genügend Männer als taugliche Bezugspersonen vorkommen.

> Als im Jahre 2000 der Bundesfinanzminister Hans Eichel im Deutschen Bundestag öffentlich weinte, weil ihm die Opposition unterstellte, er habe 1990 die deutsche Einheit nicht gewollt, und als der Formel-1-Rennfahrer Michael Schumacher nach einem Grand-Prix-Sieg seinen Tränen freien Lauf ließ, war das ein jeweils nicht zu unterschätzendes Signal, was die Emotionalität von Männern angeht, das hoffentlich weit in unsere gesamte Gesellschaft hinein ausstrahlt. Denn eine Untersuchung hat ergeben, dass Männer zwar mehr als Frauen weinen, dies jedoch heimlich tun. Und während Männer eher aus Anlass von Siegen und Niederlagen weinen, weinen Frauen eher bei Demütigungen.

> Mütter müssen akzeptieren, dass kleine Jungen mehr Emotionalität benötigen als kleine Mädchen, sonst haben auch sie einen Anteil an der Ausbildung von Machismo und am Ausufern von Gewalt.

> Wenn Eltern stolz darauf sind, dass ihr kleiner Junge schon so frech, so mutig und so aggressiv ist und das noch verstärken, dann begünstigen sie sein späteres Scheitern wegen roher Umgangsformen.

> Wenn kleine Jungen ausrasten, kann man sie gut mittels Körperkontakt beruhigen. In den niederländischen »Haltprojekten« vertraut man erfolgreich darauf, dass das feste Drücken eines mit beiden Armen umfassten Kindes immer zweierlei bewirkt: Erstens gibt man ihm äußeren Halt, wenn gerade kein innerer da ist, und zweitens signalisiert man ihm mit diesem deutlichen Körperkontakt, dass der junge Mensch es wert ist, dass man so viel Kraft für ihn aufwendet. Ähnliches schlägt die deutsche Therapeutin Roswitha Defersdorf mit ihrem Buch »Drück mich mal ganz fest« vor.

> Wenn Kinder weinen oder schreien, dann entladen sie ihren emotionalen Überdruck, um danach ihr seelisches Gleichgewicht wiederzufinden. Das tut ihnen gut, das muss man auch in Schulklassen bejahen, und das darf man keineswegs ignorieren und mit Sätzen wie »Ein Indianer weint doch nicht« oder »Du willst doch ein großer starker Mann werden« zurückweisen. Das Zurückweisen seines Weinens zwingt das Kind zur Suche nach anderen Ventilen, und da bliebe ihm dann als Alternative eigentlich nur die weitaus schlimmere Form der zuschlagenden Aggression.

- Wenn Kinder kuscheln wollen, wenn sie nachts die Nähe ihrer Eltern suchen, dann muss man diesem Bedürfnis nachgeben, damit sich bei ihnen eine gesunde seelische Balance einstellt. Die Erfindungen des eigenen Kinderzimmers schon für Säuglinge, des Kinderbettes und des Kinderwagens sind eher auf preußisch-asketische und soldatische Erziehungsideale zurückzuführen als auf eine Pädagogik, die sich auch um die emotionale Stimmigkeit der kindlichen Grundbedürfnisse bemüht. Kleine Kinder fühlen sich jedenfalls wohler, wenn sie am Körper ihrer Eltern getragen werden, als wenn sie von ihnen stets auf Distanz gehalten werden. Das Gleiche gilt für den Augenkontakt und für die positionale Nähe. Dransein am Kind und Blicknähe sind für eine gesunde Entwicklung des Gefühlslebens sehr wichtig, und dazu gehört dann auch das Akzeptieren von Händchenhalten und das Bejahen des Umstands, dass der einzige Mann in einem Grundschulkollegium bei seiner Hofaufsicht mit Trauben von Kindern, die an seinen beiden Armen hängen, fertig werden muss.

- Gelegentlich ist darüber gespottet worden, dass es in manchen Schulen »Kuschelecken« gibt, in denen sich Matratzen oder Sofas befinden. Man befürchtete, dass so etwas leistungsfeindlich sei oder zu »Weicheiern«, wenn nicht gar zur Überbetonung von Sexualität erziehen würde. Das Gegenteil ist der Fall: Kuschelecken, aktive Pausen, Sitzbälle und Entlastungsräume bieten wie die Punching-Bälle und Boxhandschuhe in den spielpädagogischen Räumen oder wie das psychomotorische Extraturnen ein hohes Maß an Entspannung und Ausgleich sowie eine Befriedigung der Körperkontaktbedürfnisse, also ein Auftanken der Seele, mit dem das Kind danach wieder umso leistungsfähiger ist. Die niederländischen »Snoezelen«-Räume mit farbigen Lichteffekten, mit Wasserbetten und entspannungsfördernder Musik wirken übrigens in eine ähnlich positive Richtung, zumal bei Jungen, die zu cholerischen Anfällen neigen.

- *Jedes Kind möchte am Beginn seines Lebens etwas lernen, es möchte anderen Menschen gefallen und etwas leisten können. Es genügt allerdings nicht, etwas zu können, man muss es auch tun.*
- *Reizüberforderungen und viele Niederlagen führen zu Abwehrreaktionen oder zum sozialen Rückzug.*
- *Wer zu wenig Anerkennung findet, neigt dazu, sich selbst nicht zu mögen und schließlich seinen Frust gegen den eigenen Körper zu richten.*
- *Um sich positiv entwickeln zu können, brauchen Kinder gleichaltrige Freunde; bei Einzelkindern, Behinderten, Hochbegabten und Außenseitern muss deshalb organisiert werden, dass sie solche finden.*
- *Selbstständigkeit, Teamfähigkeit, Konfliktfähigkeit, Handlungskompetenz, Toleranz und Flexibilität sind immer wichtiger werdende soziale Schlüsselqualifikationen, die am besten durch die Vernetzung mit Gleichaltrigen und die Konfrontation des eigenen Handelns durch Gleichaltrige herausgefordert und gefördert werden. In einer komplizierten Welt gehören zu den sozialen Kompetenzen aber auch taktische Fähigkeiten.*

Alle Kinder, die auf die Welt kommen, wollen zunächst etwas lernen; sie sind geborene Lerner. Sie wollen anderen Menschen gefallen und Leistungserfolge haben. Wenn ihnen auf Dauer das Lernen misslingt, werden sie Lernversager; wenn sie in erwünschten Leistungsfeldern keine ausreichenden Erfolge erzielen, weichen sie in irgendwelchen Jugendkultnischen aus, und wenn es ihnen nicht gelingt, anderen zu gefallen, dann fangen sie an, etwas zu verschenken, um sich Liebe zu erkaufen, dann investieren sie in Outfit und Konsumartikel oder sie fügen sich selbst etwas vermeintlich Gutes zu, nämlich Zucker, überreichliches Essen, Nikotin, Alkohol, Tabletten oder Drogen. Möglicherweise beginnen sie, sich selbst zunehmend derart abzulehnen, dass sie ihren Frust gegen sich selbst richten, also autoaggressiv oder gar autodestruktiv werden; im Extremfall verletzen oder verätzen sie ihren eigenen Körper mit Messern, Rasierklingen oder Säure, oder sie flüchten in Todessehnsucht und in Suizidversuche.

Ihr eigentliches Ziel der sozialen Anerkennung geben sie jedoch nie auf. Aber über die vielen kleinen und großen Niederlagen im Alltag ziehen sie sich immer mehr zurück. Sie entwickeln Ängste gegenüber kommunikativen und interaktiven Herausforderungen und gelten dann als kontaktgestört, mit einem Mangel an Selbstbewusstsein bzw. Selbstwertgefühl. Oder aber sie bilden einen Schutzwall, einen Kokon um sich, ein zunehmendes Verhalten, das Trendforscher als »Cocooning« bezeichnen. Soziologen diagnostizieren außerdem, dass »Singularisierung«, also Vereinzelung, als gesellschaftliches Phänomen immer häufiger auftritt. Der anstrengende Wettbewerb unserer »Ellenbogengesellschaft« fordert seinen Preis. Und mit dem Anwachsen der Reizüberflutung der vielen kleinen Lebenswelten eines einzigen Tages wollen immer mehr Menschen sich zusätzliche Stresswelten ersparen; sie treten also nicht mehr Vereinen, Verbänden und Parteien bei, sie reduzieren ihren Freundeskreis und verzichten auf Heiraten und Familiengründung. Immer mehr Menschen wollen nach ihrem Arbeitstag die Tür hinter sich zumachen und dann ganz allein entscheiden, was sie tun. Die Single-Haushalte sind deshalb in den deutschen Großstädten mittlerweile zur Mehrheit geworden. Aber eigentlich möchte jeder Mensch soziale Kontakte und kommunikative sowie interaktive Erfolge haben, eigentlich möchte jeder Mensch anderen Menschen gefallen und mit diesen zusammen sein.

Die oben beschriebenen Abwehrmechanismen stehen für Defizite an sozialer Kompetenz, also auch für Erziehungsfehler. Ein Symptom ist beispielsweise auch das Nägelkauen. Zwischen zehn und 20 Prozent aller Erwachsenen, so amerikanische Untersuchungen, knabbern regelmäßig an ihren Fingernägeln. Die Heidelberger Psychologin Dorothea Benz hat diese Form von Autodestruktion ausführlich erforscht.

Sie befragte 288 Männer und Frauen, unter denen sich 109 Nägelbeißer befanden. Benz wollte wissen, wie oft, wie intensiv und in welchen Situationen an den Fingernägeln gekaut wird. Häufigkeit und Intensität reichten von gelegentlichem Knabbern bis hin zu andauerndem Kauen, das sogar Nagelbettentzündungen oder Zahnschäden zur Folge hatte. Den stärksten Drang zum Nägelkauen verspürten Personen, die Angst vor Ablehnung und Abwertung hatten und sich in ihrem Selbstwertgefühl bedroht sahen. Außerdem neigten sie eher zu Depressionen als Menschen ohne abgekaute Fingernägel. Ohne es zu wissen, bewegen sich die Betroffenen mit ihren abgebissenen Nägeln in einem Teufelskreis: Die Ablehnung, die sie vermeiden wollen, widerfährt ihnen oft gerade aufgrund der ungepflegt wirkenden Hände. Besonders oft kauen übrigens Kinder und Jugendliche sowie beispielsweise Mädchen und Frauen in mediterranen Ländern. Nägelkauen scheint also etwas mit dem Leben in Untertanenrollen, mit einem Mangel an zugestandener Selbstständigkeit bzw. mit fehlender Konfliktkompetenz zu tun zu haben, zu der Neinsagen-, Sich-Wehren-, Sich-Behaupten- und Sich-Durchsetzen-Können gehören.

Wer die Gewalt gegen den eigenen Körper richtet, wer autodestruktiv ist, entscheidet sich unbewusst für einen solchen Ausweg. Aber das Autoaggressive und der soziale Rückzug, den wir auch Regression, also das Sich-Zurückziehen in das »eigene Schneckenhaus«, nennen, korrelieren mit der Unfähigkeit, selbst angemessen auf Probleme zugehen, aus Krisen herauskommen und Konflikte überwinden zu können. Es hat aber auch damit zu tun, dass das aggressive Kanalisieren von Frust nach außen, also die Gewalt gegen Sachen, gegen Menschen und in

Form von Sprachgewalt erzieherisch erfolgreich verpönt und im Nahbereich auch nicht vorgelebt wird.

So ist es nicht selten, dass gerade in besseren Milieus Kinder psychosomatisch auf ihre geringe soziale Kompetenz reagieren. Wenn Kinder aus solchen kultivierten Umgebungen zu permanenten Kopfschmerzen, zu Rückenbeschwerden, zu Magen-Darm-Erkrankungen, zu Knochenschmerzen oder Depressionen bzw. zu vegetativen Dystonien neigen, dann hilft ihnen überhaupt nicht, was unkundige und hilflose Lehrer gelegentlich den Eltern in solchen Fällen empfehlen: »Ihre Tochter soll sich nun mal vornehmen, nicht mehr krank zu werden; dann wird sie es auch nicht mehr werden.«

Was können Eltern, Kindergärtnerinnen und Lehrer aber nun tun, damit Kinder sozial herausgefordert und durch Erfolge sozial und politisch stark werden, damit sie weder aggressiv noch autoaggressiv werden?

> Bei Einzelkindern, bei Behinderten und bei Hochbegabten besteht die Gefahr, dass sie mit einem Mangel an Gleichaltrigkeit, mit einem Defizit an Freunden aufwachsen. Für sie müssen also ausreichend Gleichaltrigkeitserfahrungen seitens der Eltern organisiert werden, z.B. über das gemeinsame Verreisen von zwei oder drei Familien, über einen Kindergartenplatz, über eine Ganztagsschule, über das wechselseitige Übernachten bei Altersgenossen, über Schularbeitenpartnerschaften, über Sportvereine, Pfadfinder, Ferienlager, über Spielplatzerlebnisse, über Häuser der Jugend oder gar über eine Internatsunterbringung. In Integrationsklassen und in Gesamtschulen, in denen Behinderte mit Nichtbehinderten und Kinder verschiedener Begabungsprofile und Milieus in »gesellschaftlicher Normalität« miteinander umgehen und voneinander lernen können, wird die soziale Kompetenz besonders gut gefördert. Und Hochbegabtenkurse, -züge und -schulen verringern das Risiko besser Begabter oder einseitig Interessierter, Außenseiter zu werden, erheblich.

> Die soziale Kompetenz hat viel mit den modernen Schlüsselqualifikationen bzw. Kernkompetenzen Selbstständigkeit, Teamfähigkeit, Handlungskompetenz, Toleranz, Konfliktfähigkeit und Flexibilität zu tun. Kinder müssen also im Alltag schon früh miteinander vernetzt werden, und zwar am besten, wenn es Probleme untereinander gibt. »Werteerziehung über Dilemmata« nennt man eine solche Vorgehensweise in Nordrhein-Westfalen, Ausbildung von »Streitschlichtern« bzw. »Konfliktlotsen« in Nordrhein-Westfalen und Niedersachsen und »Erarbeiten von Regeln« in Schleswig-Holstein. Hier nutzen Lehrer grenzüberschreitende Vorfälle im Alltag, um mit Kindern und Jugendlichen deren Sozialkompetenz zu erhöhen: Jeder kleine Konflikt wird noch einmal mit verteilten Rollen in der Klasse vorgespielt, dann werden alle Schüler gefragt, was man hätte als Täter, Opfer oder Zuschauer tun können, um den

Konflikt besser als geschehen zu lösen, danach bewerten die Schüler im Stuhlkreis oder Gesprächskreis die vorgeschlagenen Verhaltensalternativen, und schließlich werden die für gut befundenen Lösungen vorgespielt und auf eine Weise eintrainiert, dass sie für spätere Lebenssituationen fortan zur Verfügung stehen. Macht man so etwas über Jahre hinweg täglich eine Viertelstunde lang, nehmen Gewalt, Mobbing, Krankheit und Sucht messbar ab, während die Sozialkompetenz deutlich steigt.

- Wenn Kinder sich die Regeln ihres Klassenlebens selbst geben, wenn sie ihnen also nicht vom Lehrer übergestülpt werden, und wenn diese Regeln offen, also aus konkreten Anlässen heraus reformierbar bleiben, dann funktionieren sie auch, dann werden sie von den Kindern durchweg respektiert und eingehalten.

- Wenn man Kinder nicht nur einfach verstehen will, sondern wenn man ihr Handeln auch in erwünschte Richtungen positiv verändern und gestalten will, dann soll man sie mit dem, was sie getan haben, stets auch konfrontieren, und zwar sowohl im Negativen (indem das Getane verurteilt wird) als auch im Positiven (indem das Erwünschte gelobt und verstärkt wird). Am besten funktioniert die Konfrontation des jungen Menschen mit seinem Handeln durch Gleichaltrige. Kinder und Jugendliche lassen sich erfahrungsgemäß von den Urteilen ihrer Altersgenossen durchweg mehr beeindrucken als von den Ermahnungen, Strafen, Herausforderungen und Grenzsetzungen sowie den Aufwertungen und Verpönungen der sie begleitenden Erwachsenen. Konflikte sollten deshalb am besten innerhalb der Kinder- oder Jugendgruppe selbst bewertet und gelöst sowie mit dem Eröffnen und Einüben von Verhaltensalternativen für spätere Situationen verhindert oder andersartig durchgestanden oder überwunden werden.

- Handlungskompetenz muss durch Handlungsanlässe eingeübt und erhöht werden, denn sich theoretisch wehren, einmischen oder alternativ ausweichen zu können genügt nicht. Es reicht nicht, wenn Kinder sagen: »Ich kann es«; sie müssen auch sagen können: »Ich tue es.« Erst die Wiederholung einer konkret handelnden Konfliktbewältigung bringt also eine hohe Sozialkompetenz.

- Die Herausforderung von Altruismus und von Problemlösungsfähigkeit setzt das gute Vorbild von Erwachsenen und von »geheimen Miterziehern« auf der Seite der Kinder und Jugendlichen voraus. Was Erwachsene an Sozialverhalten bei jungen Menschen wünschen, müssen sie selbst vorleben. Sie sollten also im Straßenverkehr, im Urlaub, im Einkaufszentrum, am Telefon, an der Haustür, in der Auseinandersetzung mit Nachbarn, im Betreuerteam, im Lehrerkollegium und auch in der Politik die Verhaltensweisen und Konfliktbewältigungsstrategien zeigen, die Kinder nachleben sollen. Wer als Mutter oder Vater im Kleinwagen Kette raucht, während die kleinen Kinder auf dem Rücksitz kaum noch Luft kriegen, darf nicht sonderlich empört sein, wenn er eines dieser Kinder mit 13 Jahren beim Rauchen erwischt; wer selbst im Supermarkt klaut, während seine Kinder daneben stehen, darf nicht verwundert sein, wenn die Polizei ihm sein Kind nach einem Warenhausdiebstahl nach Hause bringt; wer seine häusliche Anwesenheit vor seinen Kindern am Telefon verleugnen lässt, darf nicht überrascht sein, wenn er sie beim Lügen ertappt; und wer seinem verhassten Nachbarn die Gartenzwerge zerstört, während seine Kinder ihm dabei vom Fenster aus zusehen, kann sie nur schwerlich davon überzeugen, dass sie sich untereinander ihr Spielzeug nicht aus Wut demolieren dürfen.

> In unserer wertepluralen komplexen und komplizierten Welt, in der Normen und Regeln des Zusammenlebens nur begrenzt verbindlich sind, muss man Kindern taktisches Rüstzeug mit auf den Weg geben. Sie müssen zwischen Verhaltensalternativen angemessen wählen können, indem sie Situationen geschickt mit Hinblick auf ein Ziel hin einzuschätzen lernen. So müssen sie auch nachgeben können, wenn sie sich zwar im Recht wähnen, wenn ihr Dickkopf ihnen aber langfristig mehr Nach- als Vorteile einhandeln würde; sie müssen gegenüber einem ungeliebten Lehrer auch mal »schleimen«, also seine Erwartungen teilweise erfüllen, obwohl dieser Weg ihnen eigentlich zuwider ist; sie müssen ihrer Zukunft wegen gelegentlich auch Unbequemes auf sich zu nehmen bereit sein, denn nicht alles lässt sich nur mit Lust erreichen.

> Es gibt Kinder, die stets weiter gehen, als die gesetzten Grenzen ihnen erlauben, und es gibt welche, die nicht so weit gehen, wie sie eigentlich dürfen, um sich zu wehren, zu behaupten oder durchzusetzen. Die ersten sind die Aggressiven oder Verwahrlosten, die zweiten die neurotisch Gestörten bzw. Regressiven. Wer immer zu weit geht und dabei stets die Rechte anderer verletzt, braucht überdeutlich gesetzte und konsequent eingehaltene Grenzen, an deren Einhaltung er sich durch Reaktionen bzw. Sanktionen gewöhnen muss. Der Verwahrloste hat im Allgemeinen das Problem, dass ihm Grenzen inkonsequent, also einmal zu weit, dann wieder zu eng und dann wieder gar nicht gesetzt wurden. Er benötigt dringend deutlich und konsequent eingehaltene Grenzerfahrungen und Strafen im Falle von dennoch weiter stattfindenden Grenzübertretungen, oder er lernt wie der permanent Aggressive, dass er es offenbar nicht einmal wert ist, dass man auch ihm Grenzen setzt, wie man das bei anderen Menschen tut, bzw. er ist gezwungen, sich immer weiter in das »verbotene Land« hineinzuwagen, in der Hoffnung, dass endlich einmal etwas passiert, dass also eine Grenzerfahrung, eine Zurückweisung erfolgt, über die

er ein stimmiges Weltbild mit Orientierung und Verhaltenssicherheit aufbauen kann. Neurotisch gestörte Menschen hingegen müssen ermuntert werden, sich bis an die Grenzen des Erlaubten zu wagen, damit sie auch in einem größeren Handlungsspielraum Erfolge erleben, mit denen sie die Freiheit des Sich-wehren-Dürfens und -Könnens gewinnen, an der es ihnen bislang stets fehlte. Und der Umgang mit einem derart erweiterten Verhaltensrepertoire muss eben auch durch häufige Wiederholung eintrainiert werden. Janusz Korczak, der berühmte polnische Arzt und Pädagoge, der mit den ihm anvertrauten Kindern im »Dritten Reich« gemeinsam im Konzentrationslager ermordet wurde, beherrschte die wunderbare Methode, seinen Kindern überzeugend deutlich zu machen, welchen Sinn Grenzsetzungen haben: An jedem Tag des Jahres durften sie eine einzige Grenze überschreiten; einmal im Jahr durften sie so lange schlafen, wie sie wollten; einmal im Jahr brauchten sie sich nicht zu waschen; einmal im Jahr mussten sie sich nicht die Zähne putzen; einmal im Jahr war es ihnen erlaubt, ihre Schulaufgaben nicht zu erledigen; usw.

- Mörderische Rangordnungen, Neid, Misstrauen, Egozentrik und Ausgrenzungen wachsen in Schulklassen, in denen Schüler nur als Einzelwesen per Noten und Punkten in einen Wettbewerb geworfen werden; »Streber« müssen dann Missgunst aushalten, und Versager werden missachtete Außenseiter. Wer als Lehrer dagegen Integration, Team- und Konfliktfähigkeit sowie Sozialkompetenz und politische Mündigkeit aufbauen will, muss Schüler häufig zur Partner- und Kleingruppenarbeit und zu Lernfamilien zusammenschließen. Dadurch sind sie aufeinander angewiesen, lernen anderes und Fremdes zu schätzen, werden zu Erfolgen mitgerissen und üben Toleranz und Flexibilität. Mit jahrgangsübergreifenden Klassen, mit der Projektmethode, mit der Wochenplanarbeit der Lernwerkstatt, mit offenem Unterricht, mit der Partnerarbeit am Lerncomputer und in Integrationsklassen spielen kooperative und deshalb Sozialkompetenz erhöhende Arbeitsweisen eine wesentliche Rolle. Diese Lernorganisationen sind dem herkömmlichen frontal belehrenden und lehrerzentriert vorgehenden Unterricht eindeutig überlegen, und zwar nicht nur in Bezug auf kognitive Kompetenzen, sondern auch in Bezug auf emotionale und soziale. Wettbewerb zwischen Schulen ist gut, weil Schulen dadurch besser werden, aber Wettbewerb zwischen Schülern ist nur erträglich, wenn sie dabei zugleich integriert und gemeinsam mitgerissen werden, wenn also nicht Einzelne von ihnen dabei als Verlierer oder abgekoppelte Außenseiter auf der Strecke bleiben. Insofern brauchen wir fortan im deutschen Schulwesen weniger ein Oben und Unten, eine höhere neben einer niederen Bildung, als vielmehr eine Fülle von nebeneinander stehenden jeweils andersartigen Motivations- und Leistungsprofilen. 100 oder 200 verschiedenartige Schulabschlüsse sind deshalb gewiss besser als ein höherer, ein mittlerer und ein niedriger. Mit dem Ausbau von Schulprogrammen, die jeweils einen regionalen, einen nachbarschaftlichen, einen gegenüber Eltern und Schülern erwartungsabhängigen sowie einen interessensabhängigen Bezug haben, sind die 16 deutschen Bundesländer also auf einem richtigen Weg. Denn die bisherige Selektions- bzw. »Rüttelsiebfunktion« des deutschen Schulwesens, wie Helmut Fend sie nennt, war auch stets eine gesellschaftliche Spaltung begünstigende Schulfunktion, die gegen die soziale und politische Mündigkeit wirkte. Das dreigliedrige Schulsystem mit Hauptschule, Realschule und Gymnasium ist einmal aus einem demokratiedefizitären Denken der preußischen Dreiklassengesellschaft entstanden, und solange es weiterbesteht, wird es immer neue Demokratiedefizite produzieren, weil es Sozialkompetenz mehr beeinträchtigt als fördert.

Ich halte die in konservativen Kreisen geäußerte Auffassung, eine multikulturelle Gesellschaft könne nicht funktionieren, für unbewiesen, für unhaltbar und für gefährlich; sie begünstigt erneut die gesellschaftliche Spaltung in unserem Land, wie es auch das dreigliedrige Schulsystem tut. Denn den höchsten Bildungsstand haben eigentlich immer Nationen, die vor allem in das Unten, in das Randständige und in das Außenstehende investieren, wie es beispielsweise in Dänemark geschieht. Wer zu wenig in die schwächeren Teile der Gesellschaft investiert, bekommt später die Quittung, ablesbar an den Statistiken zur Kinder- und Jugendkriminalität: Von 1993 bis 1999 war darin in Deutschland ein Anstieg um mehr als 66 Prozent zu verzeichnen. Körperverletzungsdelikte nahmen der Erhebung zufolge bei deutschen Kindern um 143 Prozent, bei ausländischen hier lebenden Kindern um 162 Prozent zu. Ein ähnliches Bild bieten Raubdelikte: Bei deutschen Kindern stellte die Polizei eine Zunahme von ebenfalls 143 Prozent, bei ausländischen sogar von 186 Prozent fest. Der Deutsche Kinderschutzbund sieht deshalb einen »klaren Zusammenhang« zwischen Kriminalstatistik und Kinderarmut; denn die Kinderarmut in Großstädten konzentriert sich auf bestimmte Stadtteile, in denen auch die Jugendkriminalität besonders hoch ist.

- *Die deutsche Schullandschaft ist mittlerweile derart bunt, dass Eltern kaum noch kompetent wählen können. Man muss bei der Schulwahl unbedingt das Begabungs- und Motivationsprofil seines Kindes berücksichtigen.*
- *Für die Grundschule besteht noch keine freie Schulwahl, es sei denn, man weicht auf Privatschulen aus.*
- *Eltern, die dem deutschen Schulwesen misstrauen, bevorzugen Eliteschulen wie das Salem College oder Internate im Ausland. So hat sich die Zahl der deutschen Schüler an britischen Schulen in den letzten Jahren versiebenfacht.*
- *Für die Schulwahl spielt auch die Frage eine Rolle, ob das Kind einen weiten Schulweg und das Schulbusfahren erträgt.*
- *Der Ruf einer Schule entspricht oft nicht der Realität.*
- *Eltern sollten sich vor der Schulentscheidung angucken, wie sich Schüler und Lehrer verhalten, wenn sie die Schule aufsuchen und verlassen.*
- *Mit einer umfangreichen Checkliste und mit Erkundigungen in der Nachbarschaft und bei Schülern, die die gewünschte Schule bereits besuchen, lässt sich eine größere Wahlsicherheit erzielen. Man sollte sich erkundigen, welcher Lehrer die Klasse des eigenen Kindes führen wird und wie er sich im Unterricht verhält.*

Nach einer Umfrage des ZDF fallen bundesweit an den Schulen sieben Prozent der Unterrichtsstunden aus; Elternverbände sprechen gar von zehn bis 20 Prozent; in Einzelfällen findet bis zu 30 Prozent des vorgesehenen Unterrichts nicht statt; nicht eingerechnet ist der strukturbedingte Ausfall von weiteren zehn Prozent der Stunden, der durch Lehrermangel und Sparmaßnahmen entsteht. Manchmal wird ein Fach wie Mathematik oder Englisch über ein halbes Jahr hinweg in einer Klasse nicht gegeben. Auf der anderen Seite gehen nach Einschätzung der Bundesarbeitsgemeinschaft Jugendsozialarbeit in Potsdam rund 70.000 deutsche Kinder und Jugendliche (das sind etwa 3,5 Prozent aller Schüler) nicht regelmäßig zur Schule; sie sind Schulschwänzer und stehen damit für ein zur Zeit zunehmendes Phänomen, das international »to play truent« genannt wird.

An guten Schulen sorgen die Schulleiter und Lehrer dafür, dass möglichst wenig Unterricht ausfällt, und zwar durch individuelles Engagement der Klassenlehrer, die auch zu Überstunden bereit sind. Entscheidend ist auch ein gewisses Organisationsgeschick, indem z.B. zwei Klassen zusammen in den Filmraum gesteckt werden oder indem der Stundenplan der Schule so gebaut wird, dass zu jeder Zeit irgendwelche Lehrer Freistunden haben, in denen sie dann vertreten können, oder indem Eltern, Referendare oder Lehrerstudenten zur Überbrückung von Ausfällen eingesetzt werden.

Die Schulen, die ihrer Unterrichtsverpflichtung so unterschiedlich nachkommen, werden ebenso wie die zufällig vorhandenen guten oder schlechten Lehrer, wie die gewählten Unterrichtsmethoden, wie die zufällig vorhandenen positiven oder negativen Mitschüler und wie die Ausstattungslage und das Profil der Schule zum Schicksal für die Schüler, die an den jeweiligen konkreten Bedingungen scheitern oder dort überleben, gebremst, gefördert oder mitgerissen werden.

Wie viel oder wenig Schüler und Eltern von ihren Schulen halten, zeigt eine Untersuchung des Dortmunder Instituts für Schulentwicklungsforschung, die im Juni 2000 vorgelegt wurde: Nur 41 Prozent der Eltern der alten Bundesländer geben an, dass ihr Kind gern zur Schule geht, und 29 Prozent halten die Leistungsanforderungen für zu niedrig. Der damalige Vorsitzende der Bundesschülervertretung, Bernd Beber, beklagt in diesem Zusammenhang: »Wir gehen nur in die Schule, um Noten zu bekommen, nicht aber, um etwas zu lernen.« Gleichzeitig gingen in Flensburg, Kiel, Hamburg, Hannover und Bremen Zehntausende von Gymnasiasten auf die Straße, um für mehr, anderen und besseren Unterricht zu demonstrieren, denn sie haben erkannt, dass man in einer Gesellschaft mit immer weniger Arbeitsplätzen immer früher in die Startlöcher kommen muss, um später in Hochschule und Beruf erfolgreich sein zu können.

Die Vorsitzende des Bundeselternrates, Renate Hendricks, resümiert deshalb: »In der Schule wird Wissen vermittelt wie vor 30 Jahren«, obwohl sich doch rings um die Schulen herum fast alles grundsätzlich verändert habe. »Die Lehrer orientieren sich zudem am Mittelmaß der Klasse, so dass der Unterricht für etwa die Hälfte der Schüler entweder uninteressant oder sie überfordernd ist.« Und sie fährt fort: »Schüler müssen gern zur Schule gehen wollen, sie sollten jeden Tag erfahren, dass sie dort etwas zu leisten vermögen.«

Wir wissen, dass Deutschland im Moment von sämtlichen 29 OECD-Ländern den allergeringsten Teil des Bruttosozialprodukts für seine Schulen ausgibt, dass Deutschland weltweit im Schnitt die ältesten Lehrer hat (so beträgt der Altersschnitt bundesweit 47,5 Jahre und in Hamburg und Bremen 49,5 Jahre) und dass die Schulen, würden sie in Bezug auf die Lernmethoden anders vorgehen, in zwei Fünfteln der bisherigen Zeit das Dreifache an Lernen zustande bringen würden, was dann auch noch dreimal so lange im Gedächtnis bleiben würde.

Zum Glück sind aber Schulen sehr unterschiedlich, weil es inzwischen fast alles gibt, was von Eltern und Schülern nachgefragt wird: Die 16 Bundesländer haben 16 verschiedene Schulsysteme, neben den staatlichen Schulen gibt es auch viele Privatschulen, es existieren sowohl Halbtagsschulen wie auch verlässliche oder volle Halbtagsschulen bzw. betreute Schulen und Ganztagsschulen, und man kann sein Kind in eine Internatsschule oder auch ins Ausland geben.

Die Palette ist noch breiter, im Angebot sind katholische und evangelische

Schulen, Internationale Schulen, Deutsch-Französische Schulen, Waldorf- bzw. Rudolf-Steiner-Schulen, Montessori-Schulen, Freie Schulen, Schülerschulen, Freinet-Schulen, Schulen mit doppelqualifizierendem Bildungsgang wie die Hibernia-Schule in Herne oder die Odenwaldschule, die mit dem Abitur zugleich den Facharbeiterbrief zuerkennen, es gibt Hochbegabtenschulen, Schwimm-, Tennis-, Ski- und Fußballgymnasien, ein Gymnasium für Legastheniker, Schulen für Sprachminderheiten, Schulen mit unterschiedlichsten 1. oder 2. Fremdsprachen, Schulen, in denen mehrere Fächer in englischer oder französischer Sprache unterrichtet werden, Schulen mit Express-Abi- (Berlin), Turbo-Abi- (Schleswig-Holstein) bzw. D-Zug-Klassen (Hessen, Rheinland-Pfalz, Baden-Württemberg), in denen man ein Jahr früher zum Abitur kommen kann, und vieles andere mehr.

Für Eltern ist es in dieser höchst vielfältigen Schullandschaft außerordentlich schwer, die jeweils richtige Schullaufbahn für ihr Kind zu wählen. Sie sind zumeist damit überfordert und lassen sich nicht selten vom Ruf einer Schule oder gar nur von der Krawatte und dem Charisma eines werbenden Schulleiters auf einem Orientierungsabend in der Grundschule beeinflussen, wenn sie nicht ohnehin dem Wunsch ihres Kindes nach dem Zusammenbleibenkönnen mit Freunden folgen oder sich von der Länge eines Schulweges oder von der Empfehlung der Grundschullehrerin leiten lassen.

Viele Eltern misstrauen dem deutschen Schulwesen ganz grundsätzlich; sie bevorzugen britische Internate oder solche in Dänemark, in der Schweiz oder in Frankreich, manche schicken ihr Kind für ein Jahr oder länger zum Schulbesuch in die USA. Sie wollen ihm damit entweder ein Stück internationale Kultur oder eine größere sprachliche Herausforderung bieten, oder sie erhoffen sich einen leichteren oder kürzeren Weg zur Hochschulreife, wie er in England oder in den USA möglich ist.

Gerade Eltern, die selbst früher auf einem britischen Internat waren, möchten ihrem Kind ein ähnliches Lernklima bieten: Dort gibt es Computerräume, Theater, Bibliotheken, Malstudios, Musikzimmer und Laboratorien sowie bekanntermaßen ein umfangreiches Angebot für sportliche Aktivitäten. Britische Internate sind deshalb weltweit Vorbilder für Internatsgründungen geworden, weil sie eine gute Mischung aus Fürsorge, Stil, Atmosphäre, Ton, Takt, Ästhetik, Fördern, Verantwortung der Schüler, Verlässlichkeit der Lehrer und zugleich Laisser-faire bieten. Die Eigeninitiative und die jeweiligen Stärken des einzelnen Schülers spielen trotz der Uniformen, die nicht mehr für Drill, sondern für Wir-Bewusstsein stehen, in britischen Internaten eine wesentlich größere Rolle als an deutschen Schulen; das wirkt jedenfalls wie Balsam auf die Seelen von Kindern, denen deutsche Lehrer viel zu viel Negatives vermittelt haben.

Wenn Internate in Deutschland eine ähnlich erfolgreiche Pädagogik umzusetzen versuchen, werden sie meist bestraft, indem sich der Staat nicht oder nur kaum an ihren Investitionen beteiligt, wie es jetzt der renommiertesten deutschen

Schule, dem Salem College am Bodensee, mit ihrem attraktiven Neubau widerfahren ist. Salem führt seine Schüler nicht nur zum deutschen Abitur, sondern auch ein Jahr zuvor zum Internationalen Baccalaureat. Wie in England geht es auch in Salem um Weltoffenheit und um Internationalität; Multikulturelles ist dort selbstverständlich, und es wird von den Schülern als ungemein bereichend erlebt. Die Eltern der Salemer Schüler müssen allerdings auch einen hohen Preis für die gute und elitäre Ausbildung zahlen, nämlich 3.500 Mark im Monat. Doch immerhin sind 30 Prozent der Schüler Stipendiaten, für die nicht der volle Beitrag aufgebracht werden muss. Zu den vielen berühmten Absolventen von Salem, das Kurt Hahn 1920 nach britischem Vorbild gegründet hat, gehören Richard von Weizsäcker, Golo Mann, Hildegard Hamm-Brücher, Eberhard von Kuenheim, die spanische Königin Sofia, Elisabeth Noelle-Neumann, Beate Uhse und Amelie Fried.

Gute Schulen übernehmen selbst die Verantwortung für ihre Probleme, und gute Lehrer zeichnen sich durch Eigeninitiative und höchstmögliches Engagement aus. Als die Bertelsmann-Stiftung vor sechs Jahren zu einem Wettbewerb »Innovative Schulen« aufrief, meldeten sich aus ganz Deutschland knapp 400 der insgesamt 45.000 existierenden Schulen. Neuerlich hat es einen vergleichbaren Wettbewerb des Dortmunder Instituts für Schulentwicklungsforschung gegeben, bei dem sich allein aus Nordrhein-Westfalen fast 400 Schulen beworben haben:

> Die Käthe-Kollwitz-Gesamtschule in Grevenbroich hat beispielsweise aus ihrer großen Schule viele kleine gemacht; so gibt es in ihr ein »Haus der Kinder«, ein »Haus der Jugendlichen« und ein »Haus der jungen Erwachsenen«. Jeder Schüler hat einen Vertrag unterschrieben, mit dem er verspricht, niemanden je zu schlagen und die Fächer im Klassenraum in Ordnung zu halten, nicht zu rauchen, keine Drogen zu nehmen und nie zu lästern.

> Am Elsa-Brandström-Gymnasium in Oberhausen gibt es »Freiarbeits«-Phasen, die mit dem Ziel Selbstständigkeit das Lernen zum Geschäft der Schüler machen. Die Lernwerkstatt mit Lernfamilien und Lehrern als Lernberatern hat einen Teil des frontalen lehrerzentrierten Unterrichts, den es auch noch gibt, ersetzt, und auf diese Weise lernen die Schüler motivierter und effektiver als zuvor.

> Die Heinrich-Bußmann-Hauptschule in Lünen hat ihren Renovierungsstau selbst behoben, indem die Schüler selbst die Schule umbauen, erweitern, verschönern und instand setzen, und zwar so, dass ihre Bauarbeiten mit ihrem Unterricht vernetzt sind. Gerade die vormals auffälligsten Kinder sind auf diese Weise motivierte Schüler geworden.

> Die Helene-Lange-Gesamtschule in Wiesbaden hat sich zu einer Mischung aus Theater, Kunstgalerie und Wohngemeinschaft gewandelt; die Schüler haben das Putzen selbst übernommen, sie proben in den Ferien Schauspielaufführungen, sie helfen zusammen mit ihrer Partnerschule in Görlitz in einem dortigen Altenheim, und sie verdienen in den Ferien Geld auf Bauernhöfen für ihre schulischen Projekte.

> An der Nikolaus-August-Otto-Hauptschule in Berlin kämpften vor Jahren noch viele Lehrer um ihr Überleben, bis sie Verhaltensregeln mit den Schülern erarbeitet und ihre Einhaltung umsetzen konnten. Sie sorgten dafür, dass immer sofort und direkt auf Fehlverhalten reagiert wurde und konfrontierten die Schüler nach ihren Taten sogleich mit Gleichaltrigen. Wenn sich Schüler prügeln oder achtlos etwas wegwerfen, gehen die Lehrer sofort dazwischen, sie untersuchen die Taschen nach Waffen und den Urin ihrer Schüler nach Drogen. Und wenn sich ein Schüler weigert, den Klassenraum zu verlassen, wird er umgehend mit Tisch und Stuhl vor die Tür getragen. Das macht Eindruck und ermöglicht wieder ruhiges Lernen.

> Das Ernst-Alban-Gymnasium in Neubrandenburg hat sich einen Schwerpunkt gesetzt, indem es Mathe-Asse und Hochbegabte in jeweils einer Klasse pro Stufe unterbringt. Mit diesem Profilaspekt ist der Ruf der Schule so gut geworden, dass auch Kinder aus entfernten Wohngebieten angemeldet werden und die Plätze langsam rar werden.

Wenn Eltern Schwierigkeiten mit der Wahl der geeigneten Schule für ihr Kind haben, dann sollten sie Folgendes überprüfen, bevor sie sich endgültig entscheiden:

> Bei der Einschulung kann man noch nicht wählen, weil es die Wohnortbindung zur jeweils zugehörigen Grundschule gibt: Wer in einer bestimmten Straße wohnt, muss sein Kind in der nächstliegenden Grundschule anmelden. Ausweichen kann man nur auf Konfessionsschulen, Schülerschulen, Montessorischulen, Waldorf- bzw. Rudolf-Steiner-Schulen, Freinet- bzw. Freie Schulen, Internationale Schulen, also ins Privatschulwesen. Nach der Grundschule bzw. nach der Orientierungsstufe besteht allerdings durchweg eine freie Schulwahl. Wenn es nach dem Notendurchschnitt am Ende der Grundschule geht, nicht immer in Richtung Realschule oder Gymnasium (Bayern, Baden-Württemberg, Sachsen, Thüringen), jedoch auf jeden Fall in Bezug auf die Wahl zwischen mehreren Schulen einer Schulform.

> Der Schulweg ist ein wichtiger Faktor bei der Schulauswahl, aber auch die Freundschaften der Kinder, die man auseinanderreißt oder erhält. Zu weite Schulwege und ein mobbingreiches Schulbusfahren können für das Kind zu einem großen Problem werden, über das es am Ende auch in der Schule versagen kann.

> Wenn das Kind in eine sehr schwierige oder unruhige Klasse kommt, ist normaler Unterricht kaum möglich, so dass zu wenig gelernt wird. Eltern sollten sich also bei Nachbarn oder anderen Schülern erkundigen, welche Atmosphäre an der avisierten Schule insgesamt herrscht, und wie es in den in Frage kommenden Parallelklassen und in Bezug auf die ihnen zugeordneten Lehrer aussieht. Sie sollten dann bei der Anmeldung den gezielten Wunsch nach einer bestimmten Klasse oder einem bestimmten Lehrer äußern, und wenn ihnen das nicht zugesagt werden kann, lieber eine andere Schule wählen.

> Der Ruf einer Schule hinkt oft zehn bis 15 Jahre hinter der Realität hinterher. So gibt es gut beleumundete Schulen, die mittlerweile schlecht geworden sind, und schlecht angesehene Schulen, die sich längst zu ausgezeichneten gewandelt haben. Daher sollte man Tage der offenen Tür, Schulfeste und Elternsprechtage sowie Orientierungsveranstaltungen vor den Anmeldeterminen nutzen, um sich selbst ein Bild zu machen.

> Eltern sollten sich eine halbe Stunde morgens und auch nach Schulschluss gegenüber dem Schultor aufstellen oder vom Auto aus beobachten, wie die Schüler in die Schule gehen und sie wieder verlassen. Am Verhalten der Schüler lässt sich in der Regel ablesen, welche Atmosphäre das eigene Kind zu erwarten hat, wenn es dort eingeschult wird. Ein besonderes Augenmerk sollte man dabei darauf legen, wie Lehrer und Schüler vor Schulbeginn und nach Schulschluss miteinander umgehen: achtlos, Kontakt vermeidend oder suchend, humorvoll oder abweisend, gemeinsam oder einzeln gehend, freundschaftlich oder hierarchisch, aggressiv oder respektvoll; auf diese Weise lässt sich eine Menge über das Lehrer-Schüler-Verhältnis an dieser Schule herausfinden.

> Erkundigen Sie sich, ob die angepeilte Schule Lernentwicklungsberichte oder Notenzeugnisse ab Klasse 3 bevorzugt, ob und welche Kopfnoten gegeben werden (Beispiele: Fleiß, Ordnung, Mitarbeit und Betragen in Sachsen; Kooperations-, Kommunikations-, Konfliktfähigkeit, Selbstständigkeit und Kreativität in Brandenburg; Arbeits- und Sozialverhalten in Niedersachsen) und wie sie abgestuft sind (sehr gut, gut, befriedigend, ausreichend, mangelhaft; stark, mittel, ansatzweise, kaum; verdient besondere Anerkennung, er-

füllt die Erwartungen nicht)! In Niedersachsen können z.B. die Lehrer einer Klasse die Abstufungen frei formulieren.

> Fragen Sie, ob potenzielle Sitzenbleiber an der in Frage kommenden Schule über eine Nachprüfung dennoch versetzt werden können!

> Stellen Sie fest, ob es Förderkurse für schwache Schüler oder solche mit Teilleistungsschwächen (wie Legasthenie oder Dyskalkulie) gibt und wie man und ob man überhaupt Noten in Fächern gibt, in denen Ihr Kind einen Ausfall zeigt (Legastheniker bekommen an vielen Schulen und in einigen Bundesländern grundsätzlich keine Deutschnote)!

> Lassen Sie sich über das Besondere der verlässlichen bzw. vollen Halbtagsschule, die mancherorts auch betreute Schule heißt, oder der Ganztagsschule informieren! Wie wird garantiert, dass der Ausfall eines Lehrers nicht zum Unterrichtsausfall führt? Wie lange kann das Kind täglich in der Schule bleiben? Gibt es einen Mittagstisch, nachmittägliche Hausaufgabenhilfe und außerunterrichtliche Neigungskurse?

> Fördert die avisierte Schule die Lernbereitschaft ihrer Schüler durch ein besonderes Profil? Welches ist es? Und nimmt die Schule an Lese- oder Aufsatzwettbewerben, an mathematischen oder Schachwettkämpfen, an Sportfesten oder an besonderen Musikereignissen teil? Hat sie eine Partnerschule mit Austausch im Ausland? Beteiligt sie sich an regionalen, nationalen oder internationalen Leistungsvergleichsstudien (wie PISA)?

> Welche Rolle spielen offener Unterricht, Projektunterricht, fächerübergreifender Unterricht, der Lernwerkstattgedanke mit Lernfamilien und lernberatenden Lehrern als »Coaches«? Unternimmt die Schule etwas, damit die Schüler selbst lernen, damit sie team- und konfliktfähig werden und damit sie kreativ sein dürfen?

> Hat die Schule einen Sponsor und welchen?

> Dürfen Kinder an dieser Schule auch über unbestraftes Fehlermachen lernen?

> Welche Rolle spielt das Lernen am Computer und per Internet?

> Werden Schüler zur Qualität des Unterrichts befragt? Dürfen sie Kritik an Lehrern äußern?

> Dürfen sie in den Gremien der Schule mit entscheiden (z.B. wenn es um die Wahl des Schulleiters, um die Einstellung von Personal, um die Festlegung des Schulprogramms, um das Budget oder um Sanktionen gegen Mitschüler geht)?

> Spielt Prävention gegen Gewalt, Sucht und Krankheit eine Rolle?

> Versteht sich die Schule als mit dem Stadtteil oder mit der Region vernetzte Einrichtung, die mit Betrieben und Sportvereinen und mit dem Haus der Jugend sowie der Polizei kooperiert?

> Erfasst die Schule den Unterrichtsausfall, und bemüht sie sich um Abhilfe?

> Wie sieht es mit der Lehrerfortbildung an dieser Schule aus?

> Welche Rolle spielt die Partner- und Gruppenarbeit der Schüler?

> Sind die Lehrer zu Elternabenden mit Erziehungsthemen, zu Elternstammtischen und zu Hausbesuchen bereit, und darf man sie auch zu Hause anrufen?

> Bekommen die Schüler genug Redezeit, damit sie das, was sie lernen sollen, über Erklärungen zu verstehen beginnen?

> Gibt es ein Schulleben weit über den Unterricht im engeren Sinne hinaus (Klassen- und Schulzeitung, Klassen-, Stufen- und Schulfeste, Basare, Theater- und Musikaufführungen, Sportfeste, Tage der offenen Tür, Elternsprechtage, Wandertage, Betriebserkundungen, Praktika, Klassenfahrten, Klassenchronik, Schülerfotos im Klassenraum, Pflanzen, Tiere, Schülerschränke, Schulfrühstück, Aktive Pausen, Sitzbälle, Entlastungsecken …)?

> Vor allem aber: Wie geht die Schule mit besonders leistungsstarken Schülern, mit Teilleistungsschwächen, mit leistungsschwachen und mit behinderten sowie hoch begabten Schülern um? Welche Förderstrategien werden dabei eingesetzt?

> Gibt es genügend Hausaufgaben als Anlässe zur Einübung von zu Erlernendem?

- *Nicht alle Kinder sind für die Schule geboren; deshalb sollte die Schulpflicht wie in den USA oder Dänemark durch eine Bildungspflicht ersetzt werden, die dann auch »Homeschooling« erlaubt.*
- *Intelligenz lässt sich nur minimal durch Körperkontakt, Bewegung, Musisches, Spiel, frühe fremdsprachliche und auch bilinguale Herausforderungen steigern; ihr Hauptanteil ist schon von Geburt an festgelegt.*
- *Wenn Schüler gegen das Votum der Schule trotzdem von ihren Eltern auf das Gymnasium geschickt werden, tragen sie das Risiko, übermäßig viele Niederlagen aushalten zu müssen und gegebenenfalls in die Drogenszene abzurutschen.*
- *Mit dem Eintrainieren von Ordnungssinn, mit Absprachen über taktisch geschicktes Verhalten, mit guter Computersoftware und mit einer intensiven Zusammenarbeit mit dem Klassenlehrer lässt sich viel Positives auch bei schwächeren Schülern bewirken.*
- *Das allzu frühe Aufsuchen von Therapeuten richtet oft mehr Schaden beim Kind an, als es ihm nützt.*

Deutschland hat eine Schulpflicht, der die Eltern nicht entrinnen können. Schule ist ein Muss, und wenn die staatliche Schule den Eltern nicht gefällt, können sie allenfalls auf Privatschulen ausweichen. In den USA oder in Dänemark gibt es hingegen eine so genannte Bildungspflicht, mit der die Eltern, wenn sie ihre unterrichtliche Qualifikation nachweisen können oder wenn sie einen Hauslehrer finden, sich für »Homeschooling« entscheiden können.

Manche Eltern melden ihr schwach begabtes und hauptschulempfohlenes Kind dennoch auf einem Gymnasium an, und wenn es dort nicht klappt, schicken sie es in ein privates Internat, damit mit viel Geld dennoch das Abitur möglich wird. Aber das funktioniert nicht bei jedem Kind. Rein theoretisch können auch weniger begabte Kinder die Hochschulreife erwerben, aber in der Praxis bleibt die elterliche Erwartung bei solchen Voraussetzungen unerfüllt. Wenn die Schule es nicht schafft, das schwach begabte Kind zum Abitur zu führen, dann ist das also keineswegs automatisch die Schuld der Lehrer. Ganz oft machen sich hingegen Eltern mit Übererwartungen an ihrem Kind schuldig. Sie wollen ihre erzieherischen Pflichten vollends den Lehrern übertragen und legen den Grundstein für vielfältige Niederlagen und damit oft für schwere Verhaltensstörungen, für Drogenmissbrauch oder für psychosomatische Erkrankungen.

In den USA gibt es einen Intelligenzforscher namens Stephen Ceci, der behauptet, herausgefunden zu haben, wie man die Intelligenz seines Kindes fördern kann. Die Möglichkeiten sind allerdings begrenzt, denn der Spielraum für Bremsung oder Erweiterung der Intelligenz umfasst allenfalls zehn IQ-Punkte (IQ = 100 ist Bevölkerungsdurchschnitt, ab IQ = 130 spricht man von Hochbegabten, unter IQ = 85 von Lernbehinderten, unter IQ = 70 von geistig Behinderten). Der Großteil an Intelligenz ist also angeboren, und dabei muss man bedenken, dass etwa 50 Prozent der Kinder dem Intelligenzgrad ihrer Eltern entsprechen, dass etwa 25 Prozent darunter bleiben und dass ungefähr 25 Prozent der Kinder intelligenter als ihre Eltern geraten; so sieht jedenfalls laut der Aussage von Genetikern die mathematische Streuung bezogen auf alle Kinder aus.

Hier einige der – wissenschaftlich umstrittenen und eher plakativen – Empfehlungen von Stephen Ceci zur Förderung der Intelligenzentwicklung des eigenen Kindes:

> Man konfrontiere das Kind früh mit zwei Sprachen, um einen gewissen Begabungsschub auszulösen.

> Man schule das Kind etwas früher ein, weil Intelligenz auch herausgefordert werden kann und weil kleinere Kinder besser lernen als größere.

> Je länger Kinder Schulen besuchen, desto intelligenter geraten sie; also ist ein Hauptschulabschluss nach Klasse 10 besser als einer nach Klasse 9, also müsste ein Abitur nach Klasse 13 – oder wie in Island nach Klasse 14 – besser sein als ein Abitur nach Klasse 12. Dazu ist einschränkend zu sagen, dass sich bei längeren Schulbesuchszeiten nur schwerlich ermitteln lässt, was am Ende auf die Möglichkeit des längeren Reifeprozesses zurückzuführen ist und was auf schulische Lerneffekte im engeren Sinne.

> Je weniger Geschwister ein Kind hat, desto intelligenter gerät es.

> Wer besondere Fähigkeiten und Interessen gegenüber einem Teilleistungsbereich oder Lebensausschnitt zeigt, fördert damit seine Intelligenz.

> Wer sich gut ernährt, viel bewegt, viel spielt, viel musiziert, viel zeichnerisch oder konstruierend gestaltet und wer viel Körperkontakt und reichlich Kommunikationsanlässe hat, wer viel liest oder auch viel am Computer spielt oder arbeitet, hat bessere Intelligenzentwicklungschancen.

Was lässt sich darüber hinaus noch tun, um Kinder, die es in der Schule schwer haben, zu fördern?

- Eltern müssen dafür sorgen, dass ihre Kinder ein positives Verhältnis zur Ordnung entwickeln können. Dies gelingt, indem sie ihnen Ordnung vorleben; indem sie für einen guten Arbeitsplatz des Kindes mit Schreibtisch, körpergerechtem Stuhl, guter Beleuchtung, sichtbar angebrachtem Stundenplan, mit Lexika, Fremdwörterbüchern, Schreib- und Rechenmaterial, Taschenrechner, Computer und neuerdings auch Internetanschluss sowie für einen geeigneten Schulrucksack, Ranzen oder eine brauchbare Schultasche und eventuell ein Hausaufgabenheft sorgen. Auch müssen Eltern mit ihrem Kind erarbeiten, wann es am besten die Schultasche für den nächsten Tag packt – idealerweise nach den bewältigten Hausaufgaben oder vor dem Schlafengehen, nicht aber in Hetze am Morgen zwischen Frühstück und demnächst abfahrendem Schulbus.

- Eltern sollten sich sehr genau anschauen, welcher Tagesrhythmus am besten zu ihrem Kind passt: Manche Kinder machen am effektivsten Schularbeiten nach dem Mittagessen und vor dem Spielen; manche brauchen aber erst Muße, Spiel und soziale Kontakte, bevor sie dann vor dem Abendessen den optimalen Zeitpunkt für ihre »Schulis« finden.

- Einige Kinder arbeiten besser allein, andere machen größere Fortschritte mit ihrer daneben sitzenden Mutter oder im Rahmen einer Schularbeitenpartnerschaft mit ihrem Freund oder ihrer Freundin.

- Manche Kinder können eine Hausaufgabenkontrolle nicht ertragen, weil sie selbstständig sind, andere brauchen und wollen aber Anstöße, ein Abfragen der Vokabeln oder Hilfe bei den Mathematikaufgaben durch ihre Eltern.

- Einige Kinder werden nachlässig, wenn sie ihre Hausaufgaben mit Hilfe des Internets lösen, andere bereichert diese Möglichkeit.

- Einige können besser mit, andere besser ohne Musik Hausaufgaben machen und sich auf Klassenarbeiten vorbereiten.

- Eine Versetzung des Kindes in die Parallelklasse oder in eine andere Schule mit anderen Lehrern führt oft zu enormen positiven Effekten, die motivieren und zu besseren Leistungsergebnissen führen. Dieses Mittel darf allerdings nie mehr als einmal angewendet werden, weil das Kind sonst lernt, dass Ausweichen statt direkt auf Probleme Zugehen erfolgversprechend ist, und das schadet ihm auf Dauer.

- Ein Betriebspraktikum in den Schulferien, ein Auslandsaufenthalt in den

Sommerferien in einer Englisch sprechenden Familie oder ein Ferienkurs in einem Lernstudio oder Lerninternat können für einen deutlichen Motivations- und Reifeschub sorgen.

> Eine taktische Beratung durch die Eltern, die sich abends die Zeit nehmen, mit ihrem Kind über den Tagesablauf oder die Zukunft zu sprechen und Verhaltensalternativen und geänderte Strategien des Umgangs mit Lehrern zu erörtern, kann Wunder wirken, zumal wenn die Eltern ein solches Gespräch in eine Vereinbarung mit ihrem Kind einmünden lassen. Gemeinsame längere Wanderungen oder Spaziergänge sind auch gut geeignet für solche Planspiele und verbindlichen Absprachen. Denn in vier von fünf Fällen helfen vertragsähnliche perspektivische Übereinkünfte, in deren Rahmen sich der junge Mensch etwas vornimmt, durchaus, weil sie ihn sich selbst gegenüber verpflichten, weil sie ihm Stolz darüber vermitteln, dass man ihm das Einhalten der Vereinbarungen zutraut, und ihn deshalb stärken.

> Abzuraten ist von bedenkenlos vorgenommenen gemeinsamen Gängen der Eltern mit ihrem Kind zu Therapeuten, Psychologen und zu Beratungsstellen, wenn es mit der Schule nicht so gut wie erhofft klappt, weil der junge Mensch dadurch vor allem erst einmal lernt, dass er offenbar unzureichend ist. Das stürzt ihn dann oft in derartige Selbstzweifel, dass er fortan erst recht versagt. Erst wenn nach sehr langer Zeit alles, was mit »Bordmitteln« innerhalb der Familie durchführbar ist, keine Früchte trägt, sollte man den Kinderarzt oder den Schulpsychologen aufsuchen, um auszuschließen, was zum Beispiel organisch zum Schulversagen beitragen könnte.

> Der allerbeste Weg ist jedoch die intensive Kommunikation der Eltern mit den Lehrern, vor allem das häufige Gespräch mit dem Klassenlehrer, der hoffentlich erlaubt, dass man ihn hin und wieder anruft. Elternsprechtage, Elternabende, Elternstammtische und die Bereitschaft der Lehrer zu Hausbesuchen müssen vor allem dann genutzt werden, wenn es Lernschwierigkeiten oder auch soziale Probleme in Bezug auf Mitschüler gibt.

> Bei Teilleistungsstörungen wie Legasthenie oder Dyskalkulie gibt es mittlerweile hervorragende Eingreifprogramme als Bücher oder für den Computer, die über den Buchhandel oder über entsprechende Einrichtungen, die am Schluss unter »Hilfreiche Adressen« aufgelistet sind, zu erwerben sind.

> Kinder und alte Menschen haben einen ähnlichen Tagesrhythmus mit frühem Aufstehen und frühem Zubettgehen. Jugendliche hingegen wollen spät zu Bett gehen und spät aufstehen. Sehen Sie also ihrem 16-Jährigen nach, dass er mor-

gens nur schwer aus den Federn kommt und dass er am liebsten gegen 22 Uhr Schulaufgaben machen möchte. Schulen für Jugendliche dürften jedenfalls auf keinen Fall vor 9 Uhr morgens beginnen. Wenn Eltern zunehmend Mitgestaltungsrechte in autonomeren Schulen erhalten, müssten sie eigentlich zuallererst durchsetzen, dass die unsinnige Regelung des Schulbeginns um 7.45 oder 8 Uhr abgeschafft wird!

– *Schüler, die ihre Hausaufgaben allein bewältigen können, sollten sie auch allein machen.*
– *Schüler, die hingegen allein nicht mit den Hausaufgaben klarkommen, benötigen Hilfe.*
– *Eltern sind oft zu dicht an ihren Kindern dran, so dass Außenstehende besser helfen können.*
– *Hausaufgabenhilfe darf nicht bedeuten, den Kindern die Hausaufgabenbewältigung abzunehmen; vielmehr muss sie Hilfe zur Selbsthilfe und Lernen, wie man lernt, sowie taktisch geschicktes Verhalten vermitteln.*

»Nicht bei Hausaufgaben helfen«, das empfiehlt das Max-Planck-Institut für Bildungsforschung in Berlin anläßlich einer Befragung von 2.123 Schülern. Viele Eltern waren daraufhin sehr konsterniert, denn immerhin werden bundesweit allwöchentlich etwa 40 Millionen Mark und jährlich mehr als zwei Milliarden Mark für Nachhilfeunterricht ausgegeben, und schließlich glauben zahlreiche Eltern, dass sie die Schulkarriere ihres Kindes fördern, wenn sie es bei den Hausaufgaben aktiv unterstützen.

Nun liegt dieser Aussage nicht nur die besagte Umfrage zugrunde, sondern sie wird im Rahmen einer wissenschaftlich erstellten Studie getroffen, deren umfangreichere und auch differenziertere Ergebnisse einem Kongress der Deutschen Gesellschaft für Psychologie in Jena vorgelegt wurden. So gehört zum Output des Forscherteams auch die eigentlich triviale Aussage, dass »zu viele Hausaufgaben« eher die Lernfortschritte behindern, als sie zu fördern; ein Zuviel ist eben stets – das sagt schon die Sprache – genauso ungünstig wie ein Zuwenig. Und wenig erstaunt nimmt der Leser der Ausführungen des Max-Planck-Instituts darüber hinaus zur Kenntnis, dass »ein Schüler einen höheren Wissensstand erreicht, wenn er selbstständig die Aufgaben erledigt«. Ob es ein höherer oder vielmehr ein anderer ist, sei dahingestellt, aber dass Selbstständigkeit für das Lernen immer effektiver als Belehrtwerden oder Geführtwerden ist, wissen wir jedenfalls schon länger. Was nützt diese Einsicht jedoch Schülern, die nicht selbstständig lernen können und die vor lauter Alleingelassensein ständig in der Schule versagen?

Um die Eltern mit der Aussage »Nicht bei Hausaufgaben helfen« nicht allein im Regen stehenzulassen, muss ihnen dringend gesagt werden, was jahrzehntelange Erfahrungen von Praktikern im Umgang mit Hausaufgaben und Nachhilfe wirklich für die heutige Schulsituation ergeben haben:

> Kinder und Jugendliche, die Hausaufgaben selbstständig bewältigen können,

sollten sie auch allein machen. Es schadet aber überhaupt nicht, wenn die Eltern – zumal bei Schülern der Klassen 1 bis 7 – gelegentlich an die Erledigung erinnern, wenn sie nach Fertigstellung noch einmal einen Blick darauf werfen und wenn sie hin und wieder eine Frage beantworten. Denn zum Sich-selbsthelfen-Können gehört nicht nur, wichtige Informationen aus Fachbüchern, Lexika und dem Internet zu holen, sondern auch durch Gespräche mit anderen Menschen, seien es nun Mitschüler oder Eltern, Sicherheit zu gewinnen.

- Es gibt viele Schüler, die sich noch nicht oder nicht mehr allein helfen können, weil sie längere Zeit krank waren, weil sie umgeschult wurden, weil sie aus dem Ausland zugeschult wurden, weil sie gerade in Entwicklungskrisen stecken oder weil sie nur kurzfristig am Beginn einer neuen Schulstufe oder Schulform überfordert sind. Bei ihnen kann eine vorübergehende Unterstützung sehr segensreich sein.

- Eltern, die ihr Kind mit einem Übermaß an Bildungsaufwendungen in eine ungewisse Zukunft oder Karriere hinein verplanen, können in der Tat die Motivation für ein Fach oder sogar für die gesamte Schule so beeinträchtigen, dass nicht nur Schulmüdigkeit und Versagen die Folgen sind, sondern auch Unselbstständigkeit in Bezug auf Lernen. Eine zu früh einsetzende und zu stark fördern wollende Fürsorge kann durchaus das Gegenteil von dem bewirken, was die Eltern eigentlich erreichen wollten.

- Das Max-Planck-Institut hat Recht, wenn es schreibt, dass es auf das Maß der Hausaufgaben ankomme. Und davon hat es in den letzten drei Jahrzehnten eher zu wenig als zu viel gegeben. Es reicht nämlich nicht aus, wenn in der Schule etwas verstanden wurde; das Verstandene muss auch eingeübt werden, damit es lange haften bleibt.

- Es gibt Schüler, die durchaus selbstständig sind, die aber noch nicht gelernt haben, wie man Hausaufgaben produktiv erledigt, wie man sich auf Klassenarbeiten optimal vorbereitet und wie man taktisch geschickt mit Lehrer- und Schulerwartungen sowie mit Mobbing durch Mitschüler umgeht. Ihnen nützt die Hilfe durch Eltern oder durch andere Hausaufgabenbetreuer oft außerordentlich gut auf ihrem Weg in ihre Selbstständigkeit und zu ihrem Schulerfolg.

- Richtig ist, dass Eltern und Nachhilfekräfte keineswegs die Hausaufgaben der Schüler erledigen sollten – von einzelnen besonderen Tagen einmal abgesehen. Sie dürfen aber Hilfe zur Selbsthilfe leisten, auf die Sprünge helfen, Anregungen geben oder – je nach Alter des Schülers – daneben sitzen, aus einiger

Distanz beobachten und die Resultate begutachten; sie dürfen auch Vokabeln abhören, sich einen Hausaufsatz vorlesen lassen sowie zu memorierende Begriffe und Daten abfragen; und im Rahmen einer schwereren Pubertätskrise dürfen sie auch hin und wieder die Hausaufgaben kontrollieren, den Sohn oder die Tochter mit einem Klassenkameraden oder einer -kameradin zu einer Schulaufgabengemeinschaft zusammenschließen oder einen älteren Schüler organisieren, der das eigene Kind ein paar Wochen lang beim Hausaufgabenmachen begleitet, weil entfernt stehende Personen dabei oft größere Erfolge erzielen als nahe stehende.

»Nicht bei Hausaufgaben helfen« ist also eine unsinnige, weil zu pauschale Empfehlung. Sie ist genauso falsch wie der Rat, stets dabei zu helfen. Die Wahrheit liegt wie immer in der Mitte: Auf das Kind und auf seine Situation kommt es an; wer seine »Schulis« allein bewältigen kann, sollte es tun; wer es jedoch nicht kann, braucht Hilfe. Es gibt sogar Kinder, die könnten ihre Hausaufgaben selbstständig schaffen, sie brauchen aber Hilfe, weil sie mit den Methoden eines einzelnen Lehrers nicht klarkommen. Und leider gibt es auch Schüler, die eine Hausaufgabenhilfe wegen ihrer misslichen Freunde oder ihrer schwierigen Eltern benötigen.

Am besten ist es natürlich, wenn Schüler ohne Nachhilfe auskommen können, aber das geben unsere Schulen leider nicht immer her. Mit der Entweder-Oder-Frage des Max-Planck-Instituts und seiner imperativen Antwort statt einer Es-kommt-darauf-an-Aussage werden Schüler, Eltern und unsere Gesellschaft jedenfalls nicht nach vorn, sondern eher zurückgeworfen. Denn wer die wirklich überfälligen Reformen zunächst bei den Hausaufgaben statt an der Schule und ihren Lernweisen selbst beginnen will, bleibt auch hinter der weitaus hilfreicheren Empfehlung zurück, die das Dortmunder Institut für Schulentwicklungsforschung schon vor Jahren verbreitet hat: Nachhilfeunterricht sollte in der Regel – und diese Einschränkung ist auch wieder wichtig – nicht mehr als neun Monate umfassen, weil danach die Gefahr der Unselbstständigkeit wachsen kann, aber nicht muss.

Mittlerweile erledigen viele Schüler in Deutschland ihre Hausaufgaben mit Hilfe des Internets. Das nützt ihnen auf dem Wege zu mehr Erkundungskompetenz in unserer Informations- und Wissensgesellschaft, auch wenn Lehrer nicht mehr so leicht wie früher feststellen können, was an den Hausaufgaben Eigenleistung ist und was aus dem Internet einfach nur abgekupfert wurde.

Bettina Grabis und Günter W. Kienitz haben derweil ein Buch mit dem Titel »Der Internet-Guide für Schüler« auf den Markt gebracht (siehe Literaturverzeichnis am Ende dieses Buches), das nach Fächern und Fachbereichen gegliedert über 2.500 relevante Internet-Adressen für themenbezogene Informationen, für Übungen, Referatsvorbereitungen und Lernspiele sowie Links zu bewährten

Hausarbeitensammlungen und zu Hochschuldozenten, die ganz konkret bei Problemen Rede und Antwort zu stehen bereit sind, auflisten. Und wer im Internet www.learnetix.de anklickt, landet bei einem kommerziellen virtuellen Nachhilfeinstitut, in dem unter anderem ein Dr. Mathe, ein Super-James und Dora Deutsch im Rahmen eines Halbjahresabonnements, das zwischen 58 und 98 Mark kostet, Nachhilfe geben. Es erlaubt pro Monat acht Anfragen oder acht »Hausaufgabenchecks« und bietet Arbeitsblätter, ein »Abitraining« sowie »Spiele & Applets«. Ein Hauptschulabsolvent kommentierte aus Anlass einer Feier dieses Instituts jedenfalls seine eigene Schulkarriere so: »Hätte es das vor sechs Jahren schon gegeben, hätte ich heute bestimmt keinen Hauptschulabschluss, sondern Abitur.« Unsere Bildungspolitiker sollte dieser Ausspruch nachdenklich stimmen!

Wie kann ich Einfluss auf die Förderung durch die Lehrer nehmen?

- *Lehrer sind höchst unterschiedlich, wenn es um ihre Engagementbereitschaft gegenüber den Elternhäusern ihrer Schüler geht; sie werden damit zu Weichenstellern in Bezug auf Schullaufbahnerfolge.*
- *Eltern sollten versuchen, den Klassenlehrer anzurufen oder zu sich nach Hause einzuladen, wenn sie das Gefühl haben, ihr Kind werde nicht genug gefördert.*
- *Wenn Eltern und Lehrer bestens miteinander kooperieren, beginnt das Kind in der Regel, die schulischen Erwartungen zu erfüllen.*
- *In Internaten sind Kinder rund um die Uhr unter Aufsicht, so dass dort zuvor schwache Schüler mehrheitlich bessere Leistungen erzielen.*
- *Die in mehreren Bundesländern existierenden Partizipationsrechte für Eltern und Schüler ermöglichen ihnen Widerstand gegen unzulängliche Lehrer.*
- *Eltern müssen die Klassenlehrer ihrer Kinder über biographische und milieubedingte Besonderheiten informieren, damit sich die Schule individuell auf das jeweilige Kind einstellen kann.*

Es gibt immer mehr Lehrer in Deutschland, die auf dem ersten Elternabend ihre Telefonnummer an die Tafel schreiben, damit die Eltern und auch die Schüler sie anrufen können. Sie sind zur aktiven Kooperation mit den Elternhäusern bereit und verstehen ihre Bildungsarbeit auch als eine gesamterzieherische gegenüber der Person des Schülers. Andere Lehrer spielen leider immer noch die Rolle der Amtsperson, die gelegentlich Sprechstunden in der Schule anbietet, sich ansonsten aber häusliche Anrufe verbittet. Allenfalls schreiben sie dann und wann »blaue Briefe«, in denen Eltern über das Schneeballwerfen ihres Sprösslings auf dem Schulhof, über andere »Schandtaten« oder über die Versetzungsgefährdung informiert werden, manchmal auch höchst lieblos unter Verwendung von Vordrucken aus dem Schulsekretariat. Bei den letztgenannten Lehrern finden Eltern nur wenig Unterstützung in Bezug auf eine optimale Förderung ihres Kindes.

Lehrer sind also mit ihren zufälligen Einstellungs- und Engagementsprofilen schicksalhaft für ihre Schüler. Diesbezüglich ist Schule als System ziemlich ungerecht, denn manche Lehrer bringen einen zuvor bei einem Kollegen gescheiterten Schüler schnell wieder auf die richtige Bahn, zwischen anderen Lehrern und Schülern lässt sich nur schwer ein gutes Verhältnis herstellen, insbesondere wenn die Lehrer ihren Beruf lediglich als Job mit guter Bezahlung und vielen Ferien verstehen.

Marcel Reich-Ranicki beschreibt in seinem Buch »Mein Leben«, dass er es als

Schüler im Wesentlichen mit zwei Arten von Lehrern zu tun hatte, nämlich mit solchen, die eigentlich einen anderen Beruf, also eine Hochschul- oder Künstlerkarriere anstrebten, die also verbittert waren, weil sie – wenn auch fachkompetent – irgendwie in der Schule hängen geblieben waren, und mit solchen, die sich nicht so gut vorbereiteten, die aber immerhin Lehrer werden wollten und die dabei streng und fordernd waren. Beide Typen waren nicht sonderlich an den Schülern, sondern mehr an den Fächern interessiert.

Heute gibt es nicht selten einen dritten Typ: den sehr am Schüler und an Erziehung über den angestammten Bildungsauftrag hinaus interessierten Lehrer, der zum individuellen Engagement bereit ist, der Hausbesuche macht, um den biographischen Hintergrund und das Milieu seiner Schüler besser verstehen zu können, der Elternabende und Elternstammtische mit Erziehungsthemen anbietet und der außer in seinem Unterricht auch in das Klassen- und Schulleben sowie eventuell sogar in die Nachbarschaft seiner Schüler investiert, damit ein günstiges erzieherisches Netzwerk für das Lernen entsteht. Anders als bei den verbitterten oder strengen Lehrern können Eltern bei ihm viel Verständnis und aktive Handlungsbereitschaft erwarten, wenn sich bei ihrem Kind Lern- oder Erziehungsschwierigkeiten andeuten oder wenn es gar gemobbt wird.

Welche Möglichkeiten haben Eltern also heute, um zu erreichen, dass der Lehrer ihr Kind fördert?

> Grundsätzlich ist die Bereitschaft zu Engagement gegenüber Schülern und zur Zusammenarbeit mit Eltern bei Lehrern an Privatschulen etwas größer als an staatlichen Schulen. Ausnahmen auf beiden Seiten bestätigen die Regel. Besonders Lehrer in Internaten, die nahezu rund um die Uhr mit ihren Schülern zusammenleben, und Lehrer an Waldorfschulen entziehen sich eigentlich nie einem stärkeren Erziehungsauftrag und den Gesprächswünschen der Eltern.

> Aber auch in staatlichen Grundschulen, Hauptschulen, Sonderschulen und Gesamtschulen ist die Kooperationsbereitschaft der Lehrer durchweg größer als in Realschulen und Gymnasien, und in Norddeutschland ist sie im Allgemeinen leichter zu finden als in Ost- und Süddeutschland. Auch hierbei bestätigen etliche Ausnahmen die Regel. Grund-, Haupt-, Sonder- und Gesamtschullehrer haben jedenfalls längst verstanden, dass ihre Arbeit nicht mehr so leicht ohne eine starke schulische Erziehungsfunktion gelingt und dass sie nur in Zusammenarbeit mit den Eltern und im Zusammenleben mit den Schülern auch außerhalb des Unterrichts genügend Positives bewegen können, während Realschul- und Gymnasiallehrer den Erziehungsauftrag immer noch an die Elternhäuser zurückzuweisen geneigt sind, zum Beispiel mit dem Satz: »Schule ist ja schließlich nicht der Reparaturbetrieb der Gesellschaft.« Und dennoch:

Eltern sollten bei auftretenden Schwierigkeiten versuchen, den Klassenlehrer zu sich nach Hause einzuladen.

> In Problemgebieten sind Lehrer eher zu einem stärkeren Erziehungsengagement bereit als beispielsweise in Villenvororten. Sie haben längst verstanden, dass ohne eine intensive Zusammenarbeit mit den Eltern, ohne leiblich versorgende, präventive, familienergänzende und kompensatorische Funktionen der Schule sie selbst gemeinsam mit ihren Kids aufgerieben werden, dass ihre Schüler sonst nicht genug lernen würden und dass ihrer Schule irgendwann wegen Schülermangels die Schließung bevorstehen würde. In dem Maße, wie Kinder in unserer Gesellschaft an Zahl abnehmen und die Schulen dadurch in einen schärferen Wettbewerb geraten, müssen sie sich auch mit erziehungsstärkeren Schulprogrammen profilieren, um besser zu werden.

> Wenn sich ein Klassenlehrer als unengagiert erweist, wenn die Chemie zwischen dem eigenen Kind und seinem Lehrer nicht stimmt und wenn die häufige Intervention der Eltern zu einer völlig verfahrenen Situation geführt hat, die das Kind dann erst recht ausbaden muss, dann sollte ein unbelasteter Neuanfang bei einem anderen Lehrer in der Parallelklasse oder besser noch in einer anderen Schule gewagt werden. Ganz oft verbessert eine derartige Versetzung die Lern- und Verhaltenssituation eines Schülers. Es muss jedoch davor gewarnt werden, so einen Klassen- oder Schulwechsel häufig zu wiederholen, weil der junge Mensch dann eher Ausweichstrategien lernt als die Fähigkeit gewinnt, sich auch in kritischen Situationen durchzuboxen, sich angemessen zu wehren und sich zu behaupten.

> Eine optimale Förderung des Kindes setzt voraus, dass die Eltern die Lehrer über Besonderheiten des Kindes, über Stärken und Schwächen, über tragische und dramatische Lebenserfahrungen, über spezifische Interessen und Ängste sowie über vorherige Opfererlebnisse in der Schule oder auf dem Schulweg informieren. Das gilt vor allem für schüchterne, autoaggressive, kranke und hoch begabte Kinder sowie für Kinder mit nicht sofort sichtbaren Behinderungen und Ausfallerscheinungen. Manche Eltern spielen hierbei nicht mit offenen Karten, weil sie sich schämen oder weil sie befürchten, die Lehrer würden eher negativ als positiv auf solche Informationen reagieren. Wenn Lehrer jedoch negativ mit für ihre Erziehungs- und Bildungsarbeit relevanten und für eine förderliche Entwicklung eines Kindes unverzichtbar wichtigen Informationen umgehen, sind sie ohnehin die falschen Pädagogen für dieses Kind. Dann sollte man über die Versetzung in eine andere Klasse oder Lehranstalt nachdenken.

> Oft sind Lehrer bereit, mit Eltern ein stärkeres Kontrollnetzwerk aufzubauen, indem Hausaufgabenhefte wechselseitig abgezeichnet werden oder indem vorübergehend wöchentliche Telefonate vereinbart werden. Das Kind lernt dann, dass es an seinen Bezugspersonen nicht vorbeikommt, und beschließt im Idealfall, fortan die Erwartungen zu erfüllen, weil ein Ausweichen ihm mehr Ärger bereitet als die Erfüllung der Aufgaben. Und wenn sich dann auf diese Weise größere Lernerfolge einstellen, fühlt das Kind sich insgesamt wesentlich wohler als zuvor.

> Internate bieten meist eine umfassende Lernfortschrittskontrolle einschließlich einer integrierten Hausaufgabenhilfe und einer individuellen kompensatorischen erzieherischen Zuwendung. Deshalb werden vorher schwache Schüler bei einem Wechsel in ein Internat mehrheitlich auch in ihren Leistungen besser. Aber nicht jedes Kind ist internatsgeeignet; das gilt zumal für die jüngeren Schüler der Klassenstufen 1 bis 6.

> Wenn gravierende Fehler auf der Lehrerseite gemacht werden, sollten die Eltern sich an die Klassenelternvertreter oder die nächsthöheren Gremien wenden, möglicherweise auch an den Kultusminister. Oder sie sollten im Falle eines schweren Verstoßes sogar mit Hilfe eines Anwalts den Widerspruchs- oder Verwaltungsgerichtsweg einschlagen. Denn nicht immer muss das Kind aus dem Klassenverband herausgenommen werden, falls es nicht gut läuft; manchmal wird auch ein unzulänglicher Lehrer ausgetauscht, wenn sich nur genügend Eltern zu einer Interessensgemeinschaft zusammenschließen, um sich gegen Missstände in der Schule zu wehren. Wenn bei Schulleitung und Schulbehörde dennoch keine Unterstützung zu erzielen ist, weil sich sämtliche Verantwortlichen vor einen einzelnen Lehrer stellen, dann hilft gelegentlich auch das Einschalten der örtlichen Presse oder eine Demonstration, damit sich etwas verbessert. Die Partizipation von Eltern und Schülern, also ihre Mitgestaltung des Schulalltags ist mittlerweile in mehreren Bundesländern ausdrücklich gewollt, so die entsprechende Schulgesetzgebung in Hamburg, Schleswig-Holstein, Bremen und Niedersachsen. Sie muss aber auch ohne Berührungsängste genutzt werden, das erfordert Zivilcourage, Solidarität und Einsatzbereitschaft, denn in den eben genannten Bundesländern ist es politisch beabsichtigt, dass Eltern und Schüler zusammen eine Zweidrittelmehrheit in den Schulkonferenzen und die Lehrer nur noch ein Drittel der Stimmen haben. Allerdings braucht es wohl mindestens noch 15 Jahre, bevor Eltern und Schüler mit diesem Mitsprache- und Mitgestaltungsrecht auch »professionell« umzugehen vermögen.

- *Erwachsene haben umso weniger direkten erzieherischen Einfluss, je älter die jungen Menschen sind; Eltern haben weniger Einfluss auf die Persönlichkeitsentwicklung von Jugendlichen als Lehrer und Trainer und ganz besonders als andere Jugendliche.*
- *Eltern können Jugendliche jedoch noch indirekt erzieherisch beeinflussen, indem sie Einfluss auf deren Umgang nehmen.*
- *Junge Menschen wollen erst ihren Eltern, dann sich selbst und schließlich anderen jungen Menschen gefallen.*
- *Mit ihrem Jugendwahn treiben Erwachsene Jugendliche in immer abwegigere Nischen.*
- *Je schneller sich unsere Gesellschaft wandelt, umso schwieriger wird es für junge Menschen, Welt- und Zukunftsorientierung zu gewinnen.*
- *Wenn Kinder ihrer Kindheit beraubt werden, werden sie als Erwachsene oft kindisch und linkisch.*

Die amerikanische Soziopsychologin Judith R. Harris versucht mit ihrem Buch »Ist Erziehung sinnlos?« nachzuweisen, dass junge Menschen mehr von anderen jungen Menschen beeinflusst werden als von Erwachsenen.

Der Untertitel ihres Werkes heißt deshalb auch »Die Ohnmacht der Eltern«. Sie belegt, dass die Kinder der Yanomami-Indianer im brasilianischen Urwald noch nie von ihren Eltern erzogen wurden, sondern immer nur von anderen Kindern und der Urwald-Umgebung, obwohl sie sich das eine oder das andere von ihren Eltern abschauen.

Zum Glück ist Judith R. Harris' These nicht ganz korrekt, weil sie keine Altersdifferenzierung vornimmt. Sie tut so, als würde der geringe elterliche Einfluss über alle Altersstufen von null bis 19 Jahren hinweg gleichbleibend gering sein. In Wirklichkeit haben Eltern bei Null- bis Dreijährigen, also in der vom Urvertrauen bestimmten Phase der unverzichtbaren autoritären Erziehung, in der das Kind einfach nur seinen Eltern folgen und von ihnen geführt werden will, einen sehr großen erzieherischen Einfluss. Bei Vier- bis 13-Jährigen, also in der autoritativen Phase, in der es um die Kombination von Forderungen und überzeugenden Begründungen geht, ist dieser Einfluss immer noch beachtlich.

Aber etwa vom 14. Lebensjahr an wollen Jugendliche nicht mehr von ihren Eltern erzogen werden, weil sie dann darauf aus sind, ihre Selbstständigkeit zu erproben; sie verstehen das Zusammenleben mit ihren Eltern dann als Phase der wechselseitigen Begleitung und Beratung, in der Eltern zwar noch Begründungen geben, aber kaum noch Forderungen oder Grenzsetzungen bloß anordnen können.

Jugendliche wollen autonom sein, wollen dennoch etwas lernen, und sie wollen sich vor allem an anderen Jugendlichen orientieren. Erziehung funktioniert dann umso schlechter, je dichter ein Erwachsener mit ihnen zusammenlebt; also haben Eltern einen geringeren erzieherischen Einfluss als Lehrer und die wiederum einen geringeren als beispielsweise Trainer. Der junge Mensch ab 14 Jahren möchte auf eigenen Beinen stehen und seinen Weg in die Zukunft und die Welt selbst finden. Dazu muss er sein Ich in der Wechselwirkung mit anderen Jugendlichen austesten und nachentwickeln sowie sein Ich um Neues, Fremdes und Fernes erweitern. Beide Wege zusammen sind die Voraussetzung für Unabhängigkeit, Mündigkeit und die spätere eigene Familiengründung sowie für einen selbst bestimmten beruflichen Werdegang.

> Zunächst wollen junge Menschen ihren Eltern und Großeltern sowie ihren Kindergärtnerinnen und Grundschullehrerinnen gefallen, indem sie ihnen z.B. ständig zeigen, was sie schon können, was sie gemalt oder gebaut haben.

> In der narzisstischen Phase der Pubertät wollen sie sich selbst gefallen, außerdem in ihren Peer-Groups, Klassen und Sportvereinen anderen Jugendlichen und dem anderen Geschlecht gefallen.

> Danach wollen sie ihren Meistern, Ausbildungsleitern und Chefs gefallen, aber auch ihren Arbeitskollegen.

> Und schließlich suchen sie die Sympathien von Kindern und Enkeln; damit schließt sich der Lebenskreis wieder.

Der Weg von der Kindheit über die Jugend in das Erwachsenenalter und schließlich in den Seniorenstatus ist ein Weg der rituellen Selbstinszenierung. Er läuft in Phasen ab, die allmählich ineinander übergehen, ist biologisch vorherbestimmt und sichert das Überleben der Menschheit im Zuge von sich immer wieder neu reproduzierenden Generationen auch im gesellschaftlichen Wandel.

Je schneller sich die Gesellschaft verändert, desto schwieriger wird es für junge Menschen, Welt- und Zukunftsorientierung zu gewinnen. Mit dem Anwachsen der Weltbevölkerung, die durch die Medienvernetzung immer gläserner wird, mit der Zunahme des Jugendwahns und mit der Globalisierung von Trends droht der einzelne junge Mensch immer mehr in der Masse zu verschwinden. Er ist deshalb bemüht, etwas individuell Einzigartiges im Kontrast zur Masse der jungen Menschen und im Kontrast zur machtvollen Erwachsenenwelt der Dreißig- bis Fünfzigjährigen, die sich wie Jugendliche kleiden und wie Jugendliche ihre

Freizeit und ihre Ferien verbringen wollen, zu kreieren und auszuprobieren. Er muss also provozieren, wenn er sich von der vor ihm lebenden Generation absetzen will, unter deren Werten er allzu oft gelitten hat. So färbt er seine wild gestylten Haare grell, pierct und tätowiert sich, trägt überweite Hosen und will eher nachts leben, wenn die Erwachsenen schlafen, und eher tags schlafen, wenn die Erwachsenen leben. Und in dem Maße, wie die Erwachsenen Jungsein als den höchsten Wert empfinden, drängen sie die Jugendlichen in immer abwegigere Nischen, beispielsweise zum Gruftikult, S-Bahn-Surfen, Satanskult und Crash-Kid-Dasein.

Wenn Erwachsene versuchen, sich in ihrem Lebensvollzug jungen Menschen anzugleichen, rauben sie diesen Teile ihrer Jugend und zwingen sie in alternative Trends. Über 200 solcher Jugendkultnischen werden zur Zeit allein für Deutschland beschrieben. Sie reichen von Skinheads über Hooligans, okkultistischen Gruppen, Graffiti-Sprayern, Grufties, Skatern, Rappern, Fahrstuhl-Surfern, Techno-Freaks, Straßen- und Stadtteilbanden, Freeclimbern, Drachenfliegern, Surfern bis hin zu Moto-Crossern und Computerhackern.

Eine generationenübergreifende Peace-, Öko- und Hippie-Bewegung wie noch vor 35 Jahren gibt es heute nicht mehr; stattdessen leben sich die Generationen zur Zeit innerlich immer weiter auseinander, bis hin zur völligen Entfremdung. Jugendliche verstehen ihre Eltern nicht und umgekehrt; Jugendliche wollen nicht mit ihren Eltern verreisen; sie wollen beruflich nicht in die Fußstapfen ihrer Väter und Mütter treten; die Eltern mögen den Musikgeschmack ihrer Kinder nicht, denn sie wären heilfroh, wenn diese Violine, Geige oder Klavier spielen würden; sie ärgern sich über die deftigen Jugendsprachcodes und sind geschockt von dem wasserstoffblonden Haarschopf ihres Sohnes oder dem gepiercten Nasenflügel ihrer Tochter. Und wenn sich die Mutter, um den Kontakt zu ihrer Tochter zu wahren, wie diese den Oberarm tätowieren lässt, zwingt sie ihre Tochter, sich etwas anderem zuzuwenden, um etwas Eigenes, etwas jugendspezifisch »Cooles« zu haben.

Übrigens gilt dieses Auseinanderdriften von erwachsenen und jugendlichen Lebensformen nicht nur für Deutschland, es ereignet sich weltweit, also beispielsweise auch in Frankreich:

Die Jugendlichen dort haben sich ebenfalls eine eigene Welt geschaffen. Ihre Sprache ist voller erfundener Worte, sie leben in einer virtuellen Welt und markieren Hierarchien mit scheinbar undurchschaubaren Kleider-Codes: Abgrenzung vor Unbefugten wie Erwachsenen, Eltern und Lehrern. Und die verstehen schlicht gar nichts. Offen kommt kein Wort der Rebellion über die Lippen der Zwölf- bis 20-Jährigen: Sie gehen nicht zu Demos, lieben ihre Eltern, zanken nicht mit den Geschwistern; Politik interessiert sie nicht, und Schulbildung sehen sie als Chance. »Die Jugendlichen kritisieren die Gesellschaft. Aber sie wollen keine radikalen Veränderungen«, schreibt »Le Monde«. Die Welt der Jugendlichen war nach Einschätzung von Trendforschern noch nie so schwer zu entschlüsseln wie zu Beginn des neuen Jahrtausends. Viele Eltern wünschen sich ein Lexikon, das ihnen Benehmen, Sprache und Verhalten ihrer Sprösslinge erklärt. Denn anders als frühere Generationen interessieren sie sich zum großen Teil wirklich für das Leben der Kids. Der Büchermarkt des Landes wird überschwemmt mit psychologischen Anleitungen und Leitfäden für die Jugend. Doch wo es um die Feinheiten geht, müssen sie passen, beispielsweise bei der Sprache. Gymnasiasten haben ihren eigenen Code; Altersgenossen aus der Vorstadt haben dagegen eine ganz andere geheime Sprache entwickelt. Die Kunstworte und Verkürzungen sollen die geheime Welt der Jugendlichen auch geheim halten, urteilt »l'Évènement du jeudi«. Früher hätten junge Menschen von freier Liebe, Revolte und sauberem Wasser geträumt. »Heute haben sie ein gutes Verhältnis zum Geld und definieren sich nicht mehr gegen die Gesellschaft, sondern sie sind anderswo. Sie sind dabei, ein neues Konsummodell zu entwickeln, ein visuelles, technologisches, also aus einer anderen Welt«, meint das Blatt. Dabei kaschieren sie nicht etwa einen Widerwillen gegen die Generation der Alten. Umfragen wie die der französischen Gewerkschaft für Erziehung (FSU) belegen, dass nichts den Jugendlichen wichtiger ist als ihre Familie. Obwohl oder gerade weil immer mehr Familien zerbrechen, steht die Bindung zu Eltern und Geschwistern bei allen Umfragen obenan. Auf Rang zwei der Aspekte, die als sehr wichtig eingestuft werden, folgt Freundschaft, und zwar vor Arbeit und Liebe. Die Kirche steht abgeschlagen auf Rang zwölf noch hinter Schule und Studium. Die jungen Menschen leben schnell und nehmen die Neuerungen der neuen Medien als etwas Natürliches. Doch trotz aller Gemeinsamkeiten scheint es, als lebten die Jugendlichen insgesamt auch nicht auf einem gemeinsamen Planeten: Der soziale Schnitt geht mitten durch die Reihen der jungen Leute und trennt Jugendliche aus den Vorstädten strikt von der Welt der Kids in der besser gestellten Welt der Innenstädte.

Jugendliche mit schwachem inneren Halt sind anfällig für Verführungen durch Trends, in deren Sog sie umso mehr geraten, je defizitärer ihr Weltbild ist. Träume, Phantasien und Utopien stehen zugleich immer für einen Mangel an Realismus und an Normensicherheit. Aber sie können mit ihrer fehlenden Reife noch nicht stabil genug in Sachen Orientierung und Standhaftigkeit sein, weil sie zu selten ungestraft Fehler machen durften. Wer jungen Menschen das Handeln abnimmt, wer ihnen jeden Stein aus dem Weg räumt, wer sie allzu stark in die Zukunft hinein verplant, wer ihrem Lernen durch Fehlermachen vorbeugt, belässt sie unmündig, weich, schwach, abhängig und verführbar und zwingt sie, Welterfahrungen heimlich zu gewinnen. So ist es nicht verwunderlich, dass in einem dunklen Kellerraum freitagnachts ein Joint, der von den Jugendlichen herumgereicht wird, eigentlich von niemandem einfach nur weitergereicht wird. Jeder zieht einmal daran, weil der Gruppenzwang und die Angst vor dem Außenseiterstatus das so erfordern, wenn man nicht zum ichstarken Widerstand erzogen worden ist.

Realschüler der Hamburger Schule Neurahlstedt haben unter ihresgleichen eine Umfrage gemacht, deren Ergebnis ein Achtklässler im »Hamburger Abendblatt« mit seinen Worten so zusammenfasst:

»Von zehn befragten Jugendlichen haben schon acht mindestens einmal einen Joint geraucht – gerade mal zwei hatten noch keinen Kontakt zu Drogen. Die Mädchen sind die Zurückhaltenderen bei den Drogen. Die meisten fangen mit 13 oder 14 Jahren an, vorwiegend Joints auszuprobieren. Mit 16 oder 17 geht es an die härteren Drogen. Glücklicherweise nahm niemand der Befragten eine der sofort süchtig machenden Drogen wie Heroin, Crack oder Yaba. Die meisten probierten es mit und bei Freunden in Abwesenheit der Eltern, also heimlich. Sogar in der Schule werden Joints nicht nur ausprobiert, sondern auch regelmäßig geraucht. Joints werden getestet, nur um zu beweisen, dass man den anderen in nichts nachsteht. Oder einige wollen einfach nur einen lustigen Augenblick miteinander verbringen. Viele haben leider erst hinterher die unangenehmen Seiten bemerkt: Die Mehrheit musste sich übergeben, und einige wollten in Zukunft nur noch selten oder gar nicht mehr Joints rauchen. Etliche aber rauchen jetzt regelmäßig diese Rauschmittel.«

Wie können Eltern, Kindergärtnerinnen und Lehrer aber dennoch etwaigen misslichen Trends und Sogwirkungen der Jugendszene entgegenwirken, wie können sie gegen Unter- und Überforderungen durch Gleichaltrige erziehen?

> Sie müssen zuallererst die Tatsache nutzen, dass kleine Kinder besser erziehbar sind als Jugendliche. Wenn Kinder im Vor- und Grundschulalter Grenzübertritte ausprobieren, muss im Sinne eines »Frühwarnsystems« immer sofort etwas passieren, und zwar deutlich, konsequent, nicht zu heftig, weil Fehlermachen ja erlaubt sein muss, und nicht zu dürftig, weil sonst die Grenze nicht sichtbar wird, und Eltern und Erzieher müssen sich um die zustimmende Überzeugung des Kindes bemühen. Drogenkonsum lässt sich beispielsweise am effektivsten im Grundschulalter argumentierend verurteilen, nicht mehr so gut hingegen in der Pubertät. Prävention ist also besser als eine nachgereichte Korrektur- oder Reparaturbemühung. Überdies muss der Ausstieg in Ersatzbefriedigungen, weil die angeborenen Zuwendungsbedürfnisse nicht ausreichend befriedigt wurden, verhindert werden.

> Normen, Regeln und Werte werden am besten akzeptiert und verinnerlicht, indem sie von Gleichaltrigen erarbeitet werden und indem Regelverletzungen von Gleichaltrigen konfrontativ verpönt werden. Am meisten wirkt, wenn das Handeln eines Kindes oder eines Jugendlichen von Altersgenossen bewertet wird.

> Immer mehr Schulen gehen wie die private englische Schule St. George's in Köln dazu über, Uniformen einzuführen, wie wir sie von britischen Privatschulen kennen. Die Außenwirkung soll damit zugunsten der Schätzung von inneren Werten verringert werden; zugleich soll mit Schuluniformen oder mit Schulpullovern bzw. Schul-T-Shirts das Wir-Bewusstsein der Schülerschaft gestärkt und so etwas wie ein Stolz auf Tradition und Profil der jeweiligen Schule verankert werden.

> Eltern verbleibt immer noch ein indirekter erzieherischer Einfluss: Da Jugendliche sich vor allem an anderen Jugendlichen orientieren, können Eltern ihren Umgang mit steuern, indem sie in einem halbwegs intakten Stadtteil wohnen, indem sie sie in einem bestimmten Sportverein anmelden, indem sie mit ihren Kindern in ausgewählte Feriengebiete reisen, indem sie nicht wahllos schenken, indem sie bestimmte Freundschaften durch Einladungen an andere Kinder und Jugendliche zu sich nach Hause, zu Geburtstagsfeiern, zu Festen, zu Übernachtungen und zum gemeinsamen Schularbeitenmachen begünstigen oder hintertreiben, indem sie ihr Kind in ganz bestimmte Feriencamps schicken, indem sie einen Schüleraustausch in eine Familie im Ausland mit E-Mail- oder Brieffreundschaft und Gegenbesuch initiieren und indem sie mit anderen Familien gemeinsam einen Urlaub planen und durchführen.

> Der Fernsehkonsum muss inhaltlich und zeitlich begrenzt und mit kritischen Gesprächen begleitet werden. Dem Trendsetter TV gegensteuern kann man mit dem häufigen Lesen von Büchern, mit Spielen, mit Vorlesen und Erzählen sowie mit Abend-, Wochenend- und Ferienunternehmungen.

> Der Computer im Haushalt oder im Kinderzimmer bietet den Eltern die Chance, wertvolle, förderliche, eingreifende oder gar die Bildungskarriere des Kindes herausfordernde Spiel- oder Lernsoftware in den Frage- und Entwicklungshorizont des jungen Menschen zu stellen.

> Eltern, Kindergärtnerinnen und Lehrer müssen dafür sorgen, dass Kinder ihre Entwicklungsstufen in Bezug auf Bewegung, Spiel, Muße, Kommunikation und Interaktion mit Gleichaltrigen ausleben können. Wer Kinder allzu früh in eine ungewisse Zukunft hinein überfordert, weil er sie früh erwachsen machen will, sorgt dafür, dass sie als Erwachsene immer noch unreif und kindisch sind; sie müssen dann nämlich oft genug nachholen, was ihnen an Kindheit gestohlen wurde.

> Schule und Lehrer sollten es schaffen, junge Menschen in eine kritische Distanz zu Trends und Sogwirkungen von Medien, von Werbung, von Materia-

lismus und Konsum, von modischen Strömungen und von Entwicklungen innerhalb der Jugendszene zu bringen. Lehrer können das dann besser als Eltern, auch weil sie leichter organisieren können, dass junge Menschen mit Gleichaltrigen konfrontiert werden und dass Trends durch höchst unterschiedliche Pro- und Contra-Bewertungen innerhalb der Schülergruppe aufgebrochen, verstärkt, relativiert, verpönt oder in Misskredit gebracht werden.

Kann ich Einfluss auf den beruflichen Werdegang meines Kindes nehmen und wenn ja, wie?

- *In einer Gesellschaft mit immer weniger festen Arbeitsplätzen registrieren viele junge Menschen, dass sie ihre Bildungskarriere früher starten müssen, um den gewünschten Beruf zu erreichen.*
- *Junge Menschen müssen flexibel, mobil und kreativ werden, damit sie später einem Berufs- oder Jobwechsel gewachsen sind.*
- *Junge Menschen mit einem schwachen Schulabschluss entwickeln später oft eine große Betriebstreue; sie sind motivierter und werden nicht ungern eingestellt.*
- *Mit einer früher einsetzenden und umfangreicheren Verknüpfung von Unterricht und Arbeitswelterfahrungen, wie sie Hamburg mit dem »Projekt M1« und Berlin mit dem Konzept »Stadt als Schule« umsetzt, wird Lernen in den letzten beiden Schuljahren effektiver.*
- *Eltern dürfen den beruflichen Werdegang ihres Kindes nicht bestimmen, sondern nur beratend beeinflussen.*
- *Was junge Menschen können und wollen, ist wichtiger als das, was Eltern mit ihrem Kind vorhaben.*

Mit der Rationalisierung unserer Wirtschaftsprozesse produzieren immer weniger Menschen immer mehr Güter und Dienstleistungen. Vor allem »unqualifizierte« Menschen ohne Schulabschluss bleiben dabei vielfach auf der Strecke, und unter ihnen vor allem die Jungen.

Fast zehn Prozent eines Schülerjahrgangs erreichen nicht einmal den Hauptschulabschluss. Und in vielen Schulen werden Schlüsselqualifikationen wie Selbstständigkeit, Teamfähigkeit, Handlungskompetenz, vernetzendes Denken und Kreativität derart dürftig gepflegt, dass »abgewickelte Menschen« eher zu Hause auf der Couch warten, dass das Arbeitsamt bei ihnen anruft und ihnen einen Job anbietet, als dass sie sich selbst eine berufliche Nische in dieser Gesellschaft einrichten, in der sie gebraucht werden und in der sie ihren Lebensunterhalt erwerben können. Doch die Schulen sollten sich der Verantwortung stellen, junge Menschen selbstständiger und mündiger zu machen, damit sie später auch auf eigenen Beinen stehen können. Nur mit Appellen an die Betriebe, mehr Ausbildungsplätze zur Verfügung zu stellen, wird das Problem langfristig jedenfalls nicht zu lösen sein.

Auch bei den stärker leistungsfähigen Schülern ist es eng geworden. Begriffe wie »Studentenberg« oder »Akademikerschwemme« stehen dafür. In dem Maße, wie junge Menschen heute erkannt haben, dass die Karrierekonkurrenz immer schärfer wird, begreifen sie den Zusammenhang zwischen ihrer schulischen Bildung und ihren späteren beruflichen Chancen immer stärker. Deshalb gehen immer häufiger Schüler auf die Straße, um anderen, besseren und mehr Unterricht zu fordern; sie freuen sich nicht mehr über Stundenausfälle wie noch die Generationen zuvor. Im Gegenteil: Jugendforscher stellen heute fest, dass Jugendliche kaum noch einfach in den Tag hineinleben wollen, wie das einmal für die »Null-Bock-Jugend« oder »No-future-Generation« beschrieben wurde, dass sie stattdessen zunehmend mit deutlich gewachsenem Ehrgeiz an ihrer Zukunft basteln.

Bereits heute zeichnet sich ab, dass immer weniger Menschen ein Leben lang in einem Beruf oder an einem Arbeitsplatz bleiben. Daraus resultiert die Anforderung, dass der Einzelne sich auf das Mehr an Mobilität und Flexibilität einstellen muss und dass gleichzeitig seine regionalen und sozialen Bindungen beeinträchtigt werden. »Der Mensch driftet dann nur noch durch das Leben«, beschreibt der amerikanische Soziologe Richard Sennett diesen Trend, und er weist darauf hin, dass dieser Zustand in den USA und in Großbritannien bereits zur Normalität gehört. Was man am Ende seines Berufslebens macht, hat dort meistens nichts mehr mit dem ursprünglich Gelernten zu tun. Dass jemand sich »von der Pike auf« in einem Betrieb hocharbeitet, wird zur Ausnahme.

»Junge Menschen müssen lernen, dass sie ein Leben lang lernen müssen« ist allerdings auch bei uns ein längst vertrautes Motto. Außerdem kommt es künftig weniger auf hierarchische Strukturen mit Chefs und Untertanen an, als auf Zusammenarbeit in Form von »Teamwork«. Die gewohnte Über- und Unterordnung wird wahrscheinlich zunehmend durch Teamkonkurrenz abgelöst. Das heißt, Teams müssen sich gegen andere Teams durchsetzen, sonst werden sie aufgelöst. Teamfähigkeit gewinnt als Kernkompetenz eine immer größere Rolle, und die Ausbildungsleiter von Siemens, Bosch, DaimlerChrysler, BMW und VW sind schon längst dazu übergegangen, weniger auf die Abschlusszeugnisse ihrer Bewerber zu gucken, in denen ja keine Schlüsselqualifikationen vermerkt werden, als vielmehr in konstruierten Situationen im Rahmen von mehrtägigen Sichtungsverfahren diejenigen jungen Menschen auszuwählen, die sich als besonders team- und konfliktfähig erweisen.

In diesem Zusammenhang gibt es jedoch einen »Trost«: Jugendliche ohne oder mit einem schwachen Schulabschluss und Sonderschüler haben in vielen Betrieben eine gute Einstellungschance, weil man erwartet, dass sie sich wegen ihrer geringen Qualifikationen als besonders »pflegeleicht« anpassen. Sie müssen notgedrungen flexibel sein, weil sie sonst gefeuert werden; dazu gehört auch, dass sie die sehr eintönigen und schmutzigen Arbeiten erledigen, die in jedem Betrieb anfallen, weil sie nicht zu ihrem Schutz auf eine höhere Qualifikation verweisen können. Sie haben sich als besonders betriebstreu erwiesen, so dass sich die Ausgaben des Betriebes für ihr Anlernen auszahlen. Jugendliche mit schlechten Schulnoten besitzen außerdem nach Angaben des Berufsverbandes Deutscher

Psychologen häufig gute praktische Fähigkeiten, wegen denen sie ziemlich leicht in der Arbeitswelt vermittelbar sind. Gute Erfahrungen machen Betriebe übrigens auch mit jungen Menschen, die schwache Noten in ihren Abgangs- oder Abschlusszeugnissen haben und deshalb außergewöhnlich lange eine Lehrstelle gesucht haben. Sie sind in der Regel äußerst motiviert, sie wollen endlich einmal beweisen, dass auch sie tüchtig sein können.

In Großbritannien und in den USA hat sich längst herausgestellt, dass bei schnellen Arbeitsweltwandlungen, bei Umstrukturierungen von Betrieben vor allem die Mittelschichtenmitglieder und die Arbeitnehmer mit mittleren Qualifikationen auf der Strecke bleiben. Sie hängen besonders fest an herkömmlichen Werten und sind sehr stark in herkömmliche Familienkonstellationen eingebunden, die ihnen nicht so viel Flexibilität und Stabilität erlauben. Oft überschätzen sie sich und sind mit ihrer beruflichen Situation irgendwo zwischen ganz unten und ganz oben unzufrieden und deshalb für das Management zu unbequem.

Für gute Schüler gilt, dass sie hingegen später häufig ihre Firma oder sogar ihren Beruf wechseln; sie laufen dadurch allerdings Gefahr, auf ihrem Karriereweg mehrmals ihre sozialen Bindungen einzubüßen und zahlen damit einen hohen individuellen Preis.

Schulen sollten auf die gewandelten Arbeitsweltstrukturen und -prozesse reagieren, indem sie die jungen Menschen für die erhöhten Flexibilitätserwartungen fit machen, damit diese nicht irgendwann einsam auf der Strecke bleiben. Deshalb wird nicht nur zunehmend die Verankerung eines eigenständigen Schulfaches »Wirtschaft« gefordert, über das auch soziale Kompetenzen wie Selbstständigkeit, Teamfähigkeit, Konfliktfähigkeit und Mobilität vermittelbar sind, sondern es ist auch höchste Zeit, eine bessere Theorie-Praxis-Verknüpfung in den Schulen zu schaffen, dass beispielsweise – wie es Hamburg jetzt mit dem »Projekt M1« umsetzt – Hauptschüler in den letzten beiden Klassenstufen einen Tag oder zwei Tage in der Woche an außerschulischen Lernorten, also beispielsweise in Betrieben verbringen können. Der Übergang von der Schule in die Ausbildung soll auf diese Weise erleichtert und die Lernmotivation durch den »Praxisschock« rechtzeitig erhöht werden. Wenn sich die Gelenkstelle zwischen Schule und Arbeitswelt nicht nur auf ein dreiwöchiges Betriebspraktikum beschränkt, sondern auf zwei Jahre der Verknüpfung von Unterricht und betrieblichem Alltag ausgedehnt wird, erkennen junge Menschen unter Umständen früher ihre Perspektiven, mitreißende Effekte stellen sich ein und damit bessere Lernresultate.

Frühe Arbeitswelterfahrungen bilden für junge Menschen nämlich einen eindrücklichen Kontrast zu der Glasglocke des leicht unrealistischen Schonraums Schule. Dabei geht es nicht nur um Betriebserfahrungen im engeren Sinn, sondern um Lebensorte überhaupt, also auch um Asylbewerber- und Obdachlosenunterkünfte, um Behörden, um Gerichte und Strafanstalten und um Bürgerprojekte. Berlin hat diese Art von erfolgreichem Projekt deshalb »Stadt als Schule«

genannt. Die Erfüllung von Aufgaben in diesen außerschulischen Lernorten fließt übrigens in die Versetzungs- und Abschlusszeugnisse der Schüler ein. Flexibilität wird dadurch begünstigt, dass die Schüler jedes halbe Jahr ihren Lernort wechseln, so dass sie im Laufe von zwei Jahren vier verschiedene Berufsfelder kennen lernen. Lernen, wie man lernt und wie man wieder umlernt, ist dabei ein wichtiges Erziehungsziel. Manch ein Schüler findet dabei sogar seinen ersten Ausbildungsbetrieb. Denn nicht nur die jungen Menschen gewinnen durch diese rechtzeitige Verknüpfung von Unterricht und späterem Leben Orientierung, auch die Ausbildungsleiter, Meister und Firmenchefs erhalten die Chance, Bewerber mehr aufgrund ihrer Gesamtpersönlichkeit statt nur aufgrund der Noten im Abschlusszeugnis oder im Halbjahreszeugnis vor dem Abschluss auszuwählen.

Noch ein Wort zur Rolle der Eltern als Beratungsinstanz: Selbstverständlich dürfen Eltern Einfluss auf den beruflichen Werdegang ihres Kindes nehmen, aber nicht indem sie ganz allein darüber befinden, sondern immer nur in der Form, dass sie sehr genau abwägen, was der junge Mensch kann und will. Der Zwang in den väterlichen Beruf hinein ist nicht mehr zeitgemäß, die allzu frühe Förderung eines Dreijährigen in Richtung Universität ist nicht kindgemäß, und das vorzeitige Schielen auf einen späteren hohen Lebensstandard oder auf eine einen berühmten Namen verheißende Karriere ist von einem Mangel an demokratischer Einstellung gekennzeichnet, mit dem das Kind einer ungewissen Zukunft geopfert wird. Der berufliche Werdegang darf eben keinesfalls ohne die Einbeziehung der kindlichen Kräftekonstellation (was es kann) und der kindlichen Interessen bzw. Motivationen und Perspektiven (was es will) geplant werden.

Denn Erziehung in unserer demokratischen Gesellschaft kann nur bedeuten, dass dem, was wir mit unserem Kind vorhaben, dieses letztlich auch zustimmen muss. Auf einem solchen Weg dürfen wir es nur beraten und überzeugen; und wenn uns das nicht gelingt, müssen wir akzeptieren, dass es einen anderen beruflichen Weg beschreiten möchte, als wir uns das einmal vorgestellt hatten. Denn Kinder gehören uns nicht, wir dürfen und müssen sie ein Stück ihres Lebens begleiten; sie gehören ausschließlich sich selbst und ihrer eigenen Zukunft.

- *Die Verplanung durch die Eltern und die mediale Gleichschaltung von Kindern führen neben ihrer vorzeitigen körperlichen Reife und ihrem Früh-erwachsen-sein-Wollen sowie dem Jugendwahn der Erwachsenen zur Ausprägung des Kind-Erwachsenen.*
- *Wenn Mütter als Manager ihrer Kinder deren Terminkalender führen, bleiben Muße und Freizeit der Kinder oft auf der Strecke.*
- *Verplante sensible Kinder leben mit einem hohen Risiko, später mit Hilfe von Drogen aus ihrem niederlagenreichen Alltag auszusteigen.*
- *Widerstandsfähigere und dickköpfige Kinder werden durch elterliche Übererwartungen nicht selten vater- und muttertaub; sie schalten ihre Ohren auf Durchzug, weichen in Heimlichkeiten und Lügen aus und ziehen früh von zu Hause aus.*
- *Der Eigenwert der Kindheit wurde erst vor gut 200 Jahren entdeckt; nun droht Kindheit durch Verfrühungen und Nivellierungstendenzen zwischen Kindern und Erwachsenen wieder auszusterben, und zwar mit schlimmen Folgen für die gesamte Gesellschaft.*

Die Verplanung ist Eigenart eines hoch autoritären Erziehungs- bzw. Führungsstils. Sie fragt nicht nach der Zustimmung des »Untertanen«. Dieser soll zu seinem späteren Glück gezwungen werden. Oder ist es eher das Glück der verplanenden Eltern selbst, die ihr Kind als Besitz empfinden und dennoch »sein Bestes« wollen?

Verplante Kinder hat es schon immer gegeben. So wurden Mädchen seit Jahrhunderten in eine künftige Mutter- und Hausfrauenrolle hinein verplant, von Jungen erwartete man, dass sie den Hof oder Handwerksbetrieb ihres Vaters übernehmen, und viele andere Kinder wurden durch ihre Väter verheiratet; sogar das Liebesglück wurde auf diese Weise von Eltern entschieden, damit zwei Bauernhöfe zusammengelegt werden konnten, damit in ein großes Vermögen eingeheiratet oder damit zwei Königreiche vereint werden konnten.

Wenn Eltern ihre Kinder verplanen, verfügen sie nicht nur über deren Zeit, sie steuern sie auch in eine ungewisse Zukunft hinein, weil sie Karriere, Ruhm, Lebensstandard oder akademische Ehren für ihren Nachwuchs anstreben. Doch die Verplanung von Kindern geschieht nicht ausschließlich zu deren vermeintlichem Wohl, etwa »damit sie es einmal besser haben« als die Eltern, sondern sie ist oft recht eigennützig gedacht, damit man beispielsweise gegenüber Verwandten und Nachbarn besser dasteht.

So gilt es mittlerweile als schick, seinem Kind Nachhilfeunterricht zuteil werden zu lassen, wenn es nur von einer 1 auf eine 2 in Mathematik abgesackt ist, auch um anderen Menschen zu beweisen, wie bereit man ist, viel in seine Bildung zu investieren.

Überehrgeizige Mütter erkennt man daran, dass sie ihr Kind schon weit vor der Einschulung bei einem privaten fremdsprachlichen Frühförderinstitut anmelden, dass sie es täglich quer durch die Region zum Kindergeburtstag, zum Ballett- oder Klavierunterricht und zum Hockey- oder Tennistraining chauffieren und dass sie ihm den Terminkalender wie ein Manager führen. Man erkennt diese Sorte Mütter jedoch auch daran, dass sie ständig die Klassenlehrerin der 2. Klasse ihres Kindes mit der Frage konfrontieren: »Wieso ist die Parallelklasse im Rechenbuch schon zwei Seiten weiter als Sie?« und dass sie stets genau darauf achten, was andere Eltern mit ihren Kindern machen und wie sie es machen; sie vergleichen ständig Ausstattungs- und Fördermaßnahmen.

Dem Kind tut eine solche Verplanung meist nicht gut, es folgt den elterlichen Erwartungen in der Regel fast ohne Widerstand bis etwa zum 13. Lebensjahr, um Vater und Mutter nicht zu enttäuschen, hat dabei allzu viele tägliche Niederlagen bis hin zum Sitzenbleiben und Rücklaufenmüssen zur Realschule, das die Eltern dann mit einer Umschulung in ein Internat konterkarieren. Verplante Kinder haben ein hohes Risiko, irgendwann mit Drogenkonsum aus den Übererwartungen und Versagenserlebnissen ihres grauen Alltags aussteigen zu wollen, anfangs nur kurzfristig und schließlich als Langzeit-Drogenabhängige oder gar -süchtige. Die Eltern gehen dann entsetzt in eine Selbsthilfegruppe drogenabhängiger Kinder und erfahren dort viel zu spät, dass sie erstens ihren 17-jährigen Sohn nun kaum noch erzieherisch erreichen können, dass sie zweitens nur dann mit einem Ende der Drogenkarriere rechnen können, wenn ihr Sohn selbst aussteigen und Entzug machen will, und dass sie drittens mit ihrer Überdosierung von gut gemeinten Forderungen und Grenzsetzungen eigentlich alles falsch gemacht haben, weil die Reizbilanz ihres Kindes nie stimmte, weil Entlastung, Muße und Selbstbestimmung sowie die Chance, selbst Fehler machen zu können, und das Einfach-mal-gehen-Lassen stets zu kurz kamen. Ihr Kind konnte keine innere Balance finden, es fiel vom hoch gesteckten Lebensseil einfach hinunter.

Wer die bisherigen Kapitel dieses Buches aufmerksam gelesen hat, weiß bereits, dass es ein schwieriger Hochseilakt ist, wenn Kinder gelingen sollen, dass Kinder immer die richtige Gesamtdosis an Forderungen und Grenzsetzungen zwischen Über- und Unterforderungen benötigen und dass sie in jeder Entwicklungsstufe einen individuell anderen Rhythmus zwischen Leistungserwartungen und Muße, zwischen Herausforderungen und Lassen, zwischen Fremdbestimmung und Selbstbestimmung, zwischen Ernst und Spiel brauchen, um wirklich gebildet, erfolgreich und glücklich zu werden.

Das bisher Gesagte gilt vor allem für verplante sensible Kinder. Sind Kinder aber etwas dickfälliger und trotziger, ist ihnen also ein etwas größeres Widerstandspotenzial von Geburt an zu eigen, dann passiert oft etwas anderes, was vielleicht gesünder ist, als stets aus Angst allen elterlichen Erwartungen nachzugeben: Einige überfordernd verplante Kinder stellen, wenn der auf bloße Anpassung zielende Erwartungsdruck zu groß wird, ihre Ohren auf Durchzug, sie werden vater- und muttertaub, ziehen sich zurück, schließen sich ein, laufen weg oder weichen mit Tricks und Lügen aus. Die Eltern haben dann das krasse Gegenteil von dem erreicht, was sie eigentlich wollten. Sie haben ihr Kind mit Überdosierung von Forderungen verschlossen gemacht, aber sie konnten seine Autonomie nicht zerstören. Elterntaube Kinder konnten sich Widerstandskraft, ein Eigenleben und einen Rest von Selbstständigkeit in Gegenwehr zu ihren Eltern erhalten. Sie machen vieles heimlich, sie wählen Freunde, die ihren Eltern nicht behagen, sie spielen Fußball, obwohl ihre Eltern auf Hockey oder Tennis hofften, sie ziehen früh zu Hause aus, ergreifen einen Beruf, den die Eltern ganz und gar nicht akzeptieren, und sie suchen später viel seltener als andere junge Menschen den Kontakt zum Elternhaus; meist ziehen sie auch noch ganz weit weg, um sich Mamas Nachkontrolle zu entziehen. Es kann dazu kommen, dass sie erst dann wieder in ihre Heimat zurückkehren, wenn die Bestattung eines Elternteils ansteht.

Zu jeder gesunden Entwicklung gehören auch die drei Trotzalter um das vierte, siebte und 13. Lebensjahr; aber vom 14. Lebensjahr an beginnt das von Psychologen so beschriebene Autonomiealter, in dem die Verplanung den Eltern ganz verboten sein muss. Im Autonomiealter geht es um das Ausprobieren des bis dahin aufgebauten Weltbildes, um das narzisstische Ausprobieren der Wirkung des Ichs auf andere, das Ausprobieren von Grenzübertritten und Fehlermachen und um das Zurechtfinden in der eigenen Generation. Gleichzeitig richtet sich das Bedürfnis nach Orientierung von der eigenen Familie weg in die weite Welt und in die Zukunft hinein. Wenn es dann um Freundinnen und Freunde und um Ausbildungs-, Studien- und Berufsperspektiven sowie um die gesellschaftliche Zuordnung geht, dann müssten sich die Eltern nach weitgehend getaner und hoffentlich gelungener Erziehungsarbeit leicht entspannt zurücklehnen können, um nur noch begleitend, beratend und interessiert beobachtend zu verfolgen, wie es mit ihrem Kind als Jugendlichem, Heranwachsendem und Erwachsenem bis hin zu seiner eigenen Berufsfindung und Familiengründung weitergehen wird.

Verplanung hat einen weiteren düsteren Aspekt: Immer mehr Eltern liefern ihre Kinder bei der Schule mit der Einstellung ab, die Lehrer müssten nun alles in eine rosige Zukunft ihres Kindes hinein verrichten: Erziehung, Bildung, Berufsfindung, Erfolg, Hochschulkarriere und hoher Lebensstandard – dafür sollen die Lehrer die Weichen stellen, während die Eltern weiterhin ihrem Job sowie ihren Konsum-, Freizeit- und Spaß- und Partnerschaftsinteressen nachgehen. Ablieferungsmentalität plus Verplanung plus geringes Eigenengagement der Eltern ist eine für das Kind besonders üble Mischung.

Eine eigenständige Kindheit mit dem Gefühl für den Wert und das Schutzbedürfnis der jeweiligen kindlichen Lebensstufen ist eine Erfindung der Aufklärung; Kindheit gibt es also eigentlich erst seit etwa 200 Jahren; nun droht sie mit Verfrühungen durch Medieneinflüsse, durch ein Übermaß an Informationen, durch beschleunigte körperliche Reifeprozesse und durch Verplanung überehrgeiziger Erwachsener wieder auszusterben. Zurückgedrängt ist sie bereits jetzt schon, weil Kinder selbst immer früher wie Erwachsene leben wollen, weil sie immer früher etwas Erwachsenengemäßes leisten sollen und wollen. Kinder müssen ganz oft ihre Entwicklungsstufen beschleunigt oder verkürzt durchleben, oder sie müssen sie gar überspringen, also auslassen, damit sie die elterlichen Erwartungen erfüllen können. Das Ziel der selbstständigen, mündigen Persönlichkeit scheint von der Liste der wichtigen Erziehungsziele gestrichen zu sein, wenn man beispielsweise an die Aktion »Schulen ans Netz« denkt, mit der junge Menschen nicht nur ans Internet angeschlossen werden sollen, sondern mit einer frühen Anpassung, die man positiv Flexibilität und Mobilität nennt, auch an die Erfordernisse des Erwerbslebens bzw. den Lebensstil ihrer Eltern, die immer öfter keine Zeit mehr für sie haben. Mit der Dominanz der Bildschirmwelt, die im Allgemeinen keine Unterschiede macht, wenn es um das Alter der Zuschauer geht, gibt es zudem einen Nivellierungseffekt zwischen Kindsein und Erwachsensein.

Dass Eltern erwachsen und Kinder kindlich sind, ist heutzutage nicht mehr so ganz selbstverständlich, vielmehr führt die Angleichung von erwachsen sein müssenden Kindern und kindischen Erwachsenen, die wie Jugendliche sein wollen, zu dem, was Soziologen heute den modernen »Kind-Erwachsenen« nennen, der ein altersunabhängig uniformiertes Einheitswesen ist. Susanne Guschke befürchtet jedenfalls: »Familien, in denen erwachsene Eltern mit kindlichen Kindern leben, werden bald Inseln in einem trostlosen Meer von Kind-Erwachsenen sein, Inseln hinter dem Winde. Eines Tages wird man Expeditionen nach ihnen aussenden, um zu erfahren und um zeigen zu können, wie es einmal besser war.«

- *Bei den alten Lernzielen (Lesen, Schreiben, Rechnen) liegen die süddeutschen Schüler in Leistungsvergleichsstudien vor den norddeutschen; aber bei den immer wichtiger werdenden Schlüsselqualifikationen, die noch nicht vergleichend gemessen werden, führen die norddeutschen Schüler eher vor den süd- und ostdeutschen.*
- *Es kommt weniger auf die Existenz schädlicher Inhalte im Internet an als darauf, den jungen Menschen zu kritischer Distanz gegenüber Medieneinflüssen und Trends anzuhalten.*
- *Computer, Internet und Spielkonsolen haben wie alles nicht nur Vor-, sondern auch Nachteile; so wie einige Menschen zucker-, ess- oder spielsüchtig werden, werden einige wenige auch internetsüchtig. Die Ursachen liegen aber nicht am Medium Internet, sondern an anderen Lebensumständen.*
- *Junge Menschen sind den Erwachsenen, was Medienkompetenz, Selbstständigkeit, Teamfähigkeit, Kreativität und Erkundungskompetenz anbelangt, mittlerweile voraus; sie sind damit durchweg zukunftstauglich.*

Das Internet ist eine chaotische virtuelle Welt mit realistischen Bezügen. Es ist wirr, weitgehend ungeordnet, es ist teilweise hilfreich, teilweise jugendgefährdend, manchmal ist es Kräfte herausfordernd, manchmal verleitet es zur Oberflächlichkeit, vor allem ist es aber weitgehend unkontrollierbar in seinen Inhalten. Aber mit Bibliotheken und der Welt in den Fußgängerzonen, auf Schulhöfen und in Kaufhäusern steht es nicht anders. Unsere Welt birgt nun mal viele positive und negative Einflussfaktoren, denn sie ist komplex, kompliziert und widersprüchlich zugleich. So wie man ein Messer zum Schälen eines Apfels oder zum Ermorden eines Widersachers benutzen kann, so wie Morphium Schmerzen lindern, aber auch drogensüchtig machen kann, impliziert fast alles sowohl Segen als auch Fluch. Computer und Internet können unser aller Leben bereichern oder auch beeinträchtigen wie die Bücher, die auch Ängste wecken oder depressiv machen, die uns in utopische Illusionen zu verführen oder Kinder verfrüht in sie völlig Überforderndes hineinzudrängen vermögen.

Entscheidend ist also nicht der bloße Besitz eines Computers und das vielfältige Angebot des Internets als vielmehr der Umgang mit diesen medialen Möglichkeiten. Kinder müssen daher zu einer kritischen Distanz zu den neuen Medien erzogen werden. In der Beherrschung der Technik sind Kinder den Erwachsenen ohnehin schon voraus; sie können meist besser mit dem Computer und dem Internet umgehen als ihre Eltern und Lehrer.

Allerdings werden einige junge Menschen auch internetsüchtig, mittlerweile zählt jeder 15. Jugendliche zu dieser Gruppe. Abhängige surfen im Schnitt 34 Stunden pro Woche im Internet; sie verzichten dafür auf wichtige Freunde, nicht aber auf solche in ihren Chat-Corners, sie verschulden sich, sie spielen grenzenlos, vernachlässigen dabei die Schule, ihren Ausbildungsweg, die Kommunikation und die Interaktion in ihrer Familie und somit ihre Zukunft und die reale Welt außerhalb ihres Zimmers. Für rund zwei Prozent aller Deutschen ist das Internet von einer erkundungsstarken Such- zu einer Suchtmaschine geworden, aber das gilt ja genauso für andere Süchte. Nach einer Studie des Instituts für Pädagogische Psychologie und Gesundheitspsychologie der Berliner Humboldt-Universität zeigen übrigens 8,2 Prozent der Jungen und sechs Prozent der Mädchen unter 18 Jahren Anzeichen einer Internetsucht.

Besonders gefährdet, internetsüchtig zu werden, sind Kinder und Jugendliche mit niedrigem Sozialstatus ihrer Eltern, Außenseiter, die keine Freunde haben, Schulversager und Jugendliche ohne Ausbildungsvertrag, aber beispielsweise auch Hochbegabte. Meist ist also die Ursache nicht im Internet selbst zu suchen, sondern in anderen Lebensumständen, die dann zu einem Bemühen um Kompensation der unausgeglichenen Lebensbilanz mit Hilfe von Computer und Internet führen. Der Internetsüchtige geht also der direkten Lösung seiner Lebensprobleme mit der Nutzung dieses Mediums einfach nur aus dem Weg; denn fast 100 Prozent der Online-Süchtigen zeigen gleichzeitig auch ein anderes Suchtverhalten wie Zuckersucht, Esssucht, Alkoholismus oder Spielsucht.

Es ist noch keineswegs gefährlich, wenn Kinder oder Jugendliche eine neue Spielkonsole, einen neuen Computer oder Internetanschluss haben und dann anfangs fasziniert stundenlang davor sitzen. Bekanntermaßen verliert alles Neue bald seinen übermäßigen Reiz. Wenn Computer und Internet wie das Buch zu einfachen Mitteln der Lebensbewältigung werden und die Playstation zu einem gelegentlichen Entspannungsmedium, dann besteht eigentlich keine Gefahr. Wenn aber mit Verboten das Interesse an den Medien künstlich erhöht wird, dann entwickelt sich die Lust, erst recht zuwider zu handeln. Strafen können dabei bewirken, dass viele junge Menschen heimlich Pornographisches, Gewaltreiches und Rechtsextremes im Internet suchen oder sich mit brutalen Computerspielen »vergnügen«.

Amerikanische Lehrer gehen beim Missbrauch des Internets in der Schule strenger vor als deutsche Pädagogen; an drei von vier US-Schulen müssen sich die Schüler schriftlich verpflichten, Regeln beim Surfen einzuhalten; beim Zuwiderhandeln droht der Ausschluss von der Nutzung oder gar von der Schule. Deutsche Schüler werden dagegen nur in vier von zehn Fällen – und das meist mündlich – angehalten, keine Internetseiten mit sexistischem oder rechtsradikalem

Inhalt anzuklicken. In Singapur hat man eigens eine 100-Mann-Behörde eingerichtet, die missliche Internetseiten aufspüren und verschlüsseln soll; aber damit wurde für viele junge Menschen mit Hacker-Fähigkeiten nur der Reiz erhöht, die von dieser Behörde aufgebauten Sperren zu umgehen. Eine kritische Medienkompetenz erzieherisch aufzubauen ist also sinnvoller, als unliebsame Spiele und Inhalte verhindern zu wollen, was ohnehin kaum gelingt.

Laut den Erkenntnissen des Instituts der deutschen Wirtschaft in Köln gilt für die Jugend heute, dass sie »Eigeninitiative entwickeln und Leistung bringen« will. Horst W. Opaschowski spricht von der »Generation @«, die mit Computer und Internet aufwächst, die weltweit vernetzt sowie markt- und trendorientiert ist, mehrheitlich global statt emotional denkt, ein Mischmasch aus Deutsch und Englisch spricht und ein Bewusstsein für Konkurrenz hat. 40 Prozent der jungen Menschen haben schon einen Computer zu Hause, 73 Prozent rechnen damit, dass sie nicht ihr ganzes Leben an einem Arbeitsplatz verbringen, 88 Prozent wissen um die Notwendigkeit einer lebenslangen Weiterbildung, 66 Prozent sind bereit, einen Telearbeitsplatz einzunehmen, und fast 60 Prozent träumen davon, sie könnten ihr eigener Chef an einem Online-Arbeitsplatz werden. Übrigens sind nach dieser Untersuchung nicht einmal fünf Prozent der 15- bis 24-Jährigen durch extreme linke oder rechte Parolen, die sie im Internet finden, gefährdet. Im Gegenteil, die große Mehrheit ist dagegen gefeit, weil sie so gut informiert ist, dass sie bereits politische Mündigkeit zeigt, die aber nicht aus dem stets oberflächlich bleibenden Internet erwächst, sondern Ergebnis ihrer internetfreien wirklichen sozialen Erziehung ist.

Wir haben also insgesamt eine viel versprechende junge Generation, die anders, aber keineswegs schlechter als die vor ihr lebende ist. Sie ist für ihre Zukunft, für einen weltweiten Wettbewerb und für die Umsetzung der neuen, immer bedeutsamer werdenden Schlüsselqualifikationen Selbstständigkeit, Kooperations- bzw. Teamfähigkeit, Erkundungs-, Handlungs- und Konfliktfähigkeit, Kreativität, Solidarität, Flexibilität, Mobilität und Fähigkeit zum vernetzenden Denken gerüstet, und zwar oft schon besser als ihre Eltern und Lehrer. Zudem sind viele junge Eltern bemüht, ihren Kindern Autonomie beizubringen; sie ringen um das unabhängige und nicht durch Bildschirme, Werbung und Jugendtrends ferngesteuerte Urteil ihres Sohnes oder ihrer Tochter, sie wissen, wie wichtig Selbstständigkeit in einer ichbezogenen Gesellschaft geworden ist. Sie impfen ihre Kinder schon früh gegen Einflüsse, mit denen diese ihr unabhängiges Urteil einbüßen könnten; sie machen ihre Kinder lebenstüchtig, leistungsfähig und mündig, so dass etwa 94 Prozent von ihnen nie gewalttätig im Sinne von polizeiauffällig werden. Junge Menschen entwickeln heute wieder umfassende Zukunftsperspektiven, und sie sind oftmals sehr leistungswillig und konkurrenzfähig.

Die Handwerkskammern beklagen hingegen immer noch vor allem Defizite in Orthographie und Mathematik bei vielen Jugendlichen, während die Industrie- und Handelskammern wie die Großindustrie längst ein deutliches Mehr an Schlüsselqualifikationen anmahnen, und dabei geht es letzteren vor allem um Teamfähigkeit, Erkundungskompetenz sowie um Kreativität:

> Teamfähigkeit muss durch häufige Partner- und Gruppenarbeit sowie durch den Ausbau der Projektmethode in den Schulen gestärkt werden, und zwar nicht nur auf der Schüler-, sondern auch auf der Lehrerseite; denn wie sollen Lehrer, die selbst nicht teamfähig sind, ihre Schüler kooperationsfähig machen?

> Erkundungskompetenz wird dadurch gestärkt, dass Schüler nicht alles auswendig wissen müssen, was sie sich auch aus Büchern, Lexika, Arbeitsmappen, Karteikarten, Atlanten, per Interviews oder aus dem Internet holen können.

> Und Kreativität wird erhöht, wenn man Fehlermachen nicht immer sofort bestraft, sondern als Notwendigkeit eines besseren Lernens über Um- und Irrwege akzeptiert.

Interessant ist auch folgende Tatsache: Wenn es um die alten Lernziele der Belehrungsschule geht, dann führen bei Leistungstests die bayerischen und die badenwürttembergischen Schüler vor den norddeutschen. Wenn es aber auf die künftig immer wichtiger werdenden Schlüsselqualifikationen bzw. Kernkompetenzen und um soziale und politische Mündigkeit ankommt, dann liegen mittlerweile die norddeutschen Schüler eindeutig vor den süddeutschen und auch vor den ostdeutschen, die wegen der Kürze ihrer Demokratieentwicklung noch etwas aufzuholen haben. Aber bei nationalen und internationalen Schulleistungsvergleichsmessungen wird leider immer noch mehr das Alte als das Neue gemessen; und das ist letztlich nicht mehr zeitgemäß.

Schlussbemerkung: Hilfe, mein Kind ist ganz anders als ich!

Bedenken Sie bitte, dass Kinder anders sein dürfen als ihre Eltern, und sie dürfen unterschiedlich begabt, motiviert und leistungsfähig sein.

»Hier sitze ich, forme Menschen nach meinem Bilde, ein Geschlecht, das mir gleich sei, zu leiden, weinen, genießen und zu freuen sich, wie ich« legt Johann Wolfgang von Goethe seinem Prometheus in den Mund. Das gilt heute so nicht mehr; wir dürfen junge Menschen nicht nach unseren Vorstellungen formen, wir dürfen ihnen lediglich bei der Suche nach ihrer Persönlichkeit, nach ihrem Weltbild und nach ihrem Lern- und Leistungsprofil so gut wir können helfen, wir dürfen sie begleiten und beraten, und wir dürfen von ihnen dasjenige fordern und ihnen das verbieten, von dem wir sie überzeugen können, dem sie zustimmen. Aber wir müssen spätestens, wenn sie der Baby- und Kleinkindphase entwachsen sind, um ihre Zustimmung ringen.

Wenn sie aber als Jugendliche aus dem Ruder zu laufen drohen oder bereits auf die schiefe Bahn geraten sind, dann müssen wir sie wieder zunächst autoritär einbinden und von ihnen anfangs etwas ohne ihre Zustimmung verlangen. Aber irgendwann werden sie dann wieder so weit sein, dass auch sie den notwendigen Spielregeln unseres Zusammenlebens zustimmen können. Danach dürfen wir sie dann noch ein Stück ihres Lebens beratend begleiten, bevor sie sich schließlich von uns äußerlich, aber hoffentlich nicht innerlich ablösen.

Weil sich die Gesellschaft so schnell wandelt, dürfen und müssen Kinder anders sein als ihre Eltern, denn sie werden ihre Zukunft weniger mit der vor ihnen lebenden Generation als vielmehr mit den Gleich- und Ähnlichaltrigen teilen. Kinder, die heute geboren werden, haben eine Lebensperspektive bis ins Jahr 2090 hinein, und was sie dann aushalten und leisten müssen, wissen wir Erwachsenen heute noch nicht einmal ansatzweise.

Es bringt gar nichts, wenn alte Menschen uns sagen, früher sei alles besser gewesen, früher habe ein Klaps nicht geschadet, früher war weniger Gewalt auf der Straße und früher wurde noch in Reimform im Unterricht gelehrt, wie die linken und rechten Nebenflüsse der Donau heißen. Wir leben nicht mehr früher, um die Kinder herum ist heute alles anders, unsere Verfassung ist eine völlig andere als noch vor Jahrhunderten, und mehr und mehr üben wir uns darin, Demokratie wirklich umzusetzen und im Alltag zu leben. Und die Zukunft wird noch wieder anders sein, wenn wir an die Wandlungsprozesse in der nationalen und weltweiten Arbeitswelt, an die neuen Technologien und an die Möglichkeiten der virtuellen Internetwelt denken.

Wenn das Kind ganz anders gerät als seine Eltern, muss sich nicht etwa nur das

Kind an seine Eltern anpassen, die Eltern müssen sich auch auf ihr Kind zu bewegen, denn letztendlich ist es nicht ihr Besitz, es darf also nicht als Untertan verstanden und behandelt werden. Obrigkeitsstaat und Industriegesellschaft sind in unseren Breiten mehr oder weniger passé. Informations-, Wissens-, Kommunikations-, Dienstleistungs-, Erlebnis-, Freizeit-, Spaß-, Produktionsgesellschaft und Demokratie erfordern andere Erziehungs- und Lernziele als bislang, sie erfordern andere Umgangsformen, andere Leistungsprofile, einen anderen Unterricht und eine andere politische Kultur, nämlich die eines gebildeten, mündigen und kritischen Weltbürgers, der selbst lernt, statt belehrt zu werden, der in Lernfamilien statt in Schulklassen sitzt und dort zu seinem Besten herausgefordert und entlastet wird.

Hilfreiche Adressen

Zentrum für Kindesentwicklung,
Dr. Inge Flehmig,
Rümkerstr. 15,
22307 Hamburg,
Tel.: 0 40 – 45 55 51 und 040 – 631 52 18.

Lern- und Motivationstraining im Rahmen von Tages- und Ferienseminaren, LernTeam,
Tel.: 0 64 21 – 16 96 90,
Fax: 0 64 21 – 1 69 69 29.

Bundesvereinigung Stotterer-Selbsthilfe,
Gereonswall 112,
50670 Köln,
Tel.: 02 21 – 1 39 11 06.

Deutscher Bundesverband für Logopädie,
Augustinusstr. 11a,
50226 Frechen,
Tel.: 0 22 34 – 69 11 53.

Arbeitskreis überaktives Kind,
Dieterichstr. 9,
30159 Hannover,
Tel.: 05 11 – 3 63 27 29.

Elterninitiative zur Förderung hyperaktiver Kinder,
Clemensstr. 13,
99817 Eisenach,
Tel.: 0 36 91 – 21 55 55.

Deutsche Gesellschaft für das hoch begabte Kind,
Sonderhauser Str. 80,
12249 Berlin,
Tel.: 0 30 – 7 11 77 18.

William-Stern-Gesellschaft für Begabungsforschung und Begabtenförderung e.V.:
Talentförderung Mathematik,
Universität Hamburg,
Von-Melle-Park 5,
20146 Hamburg,
Tel.: 0 40 – 4 28 38 – 55 24.

Hochbegabtenförderung e.V.,
Am Pappelbusch 45,
44803 Bochum,
Tel.: 02 34 – 93 56 70.

Beratungsstelle besondere Begabungen (BbB),
Winterhuder Weg 11,
22085 Hamburg,
Tel.: 0 40 – 4 28 63 – 29 29.

Bundesverband der Aufmerksamkeitsstörung,
Postfach 60,
91291 Forchheim,
Tel.: 0 91 91 – 3 48 74.

Kinderzentrum für Wahrnehmungsstörungen,
Büdinger Str. 17,
60435 Frankfurt a.M.,
Tel.: 0 69 – 54 80 80 21.

Bundesverband der Elternkreise drogengefährdeter und drogenabhängiger Jugendlicher,
Herzbergstr. 82,
10385 Berlin,
Tel.: 0 30 – 5 56 70 20.

Verein zur Verzögerung der Zeit,
Universität Klagenfurt,
Sterneckstr. 15, A-9020 Klagenfurt,
Tel.: 00 43 – 4 63 – 2 70 07 42.

Bundesverband Legasthenie,
Königstr. 32,
30175 Hannover,
Tel.: 05 11 – 31 87 38.

Verein Lesen und Schreiben,
Große Bergstr. 261,
22767 Hamburg,
Tel.: 0 40 – 38 19 00.

Deutsche Beratungsstelle für Linkshänder
und umgeschulte Linkshänder,
Sendlingerstr. 17,
80331 München,
Tel.: 0 89 – 26 86 14.

Online-Adresse bei Dyskalkulie:
www.rechenschwäche.de

Online-Adresse bei Hausaufgaben-
problemen: www.learnetix.de

Online-Adresse für Internetlernen:
www.lernnetz-sh.de/13n/start.html.

Institut für mathematisches Lernen
und Praxis für Dyskalkulie,
Grindelberg 45,
20144 Hamburg,
Tel.: 0 40 – 4 22 42 21.

Schülerzirkel Mathematik / Mathematische
Gesellschaft, Universität Hamburg,
Bundesstr. 55,
20146 Hamburg,
Tel.: 0 40 – 4 28 38 – 51 77.

Euro-Internatsberatung,
Grillparzerstr. 46,
81675 München,
Tel.: 0 89 – 4 55 55 50.

Bund der Freien Waldorfschulen,
Heidehofstr. 32,
70184 Stuttgart,
Tel.: 07 11 – 2 10 42 – 0.

Bundesverband der Freien
Alternativschulen,
Wiemelhauser Str. 270,
44799 Bochum,
Tel.: 02 34 – 7 26 48.

Heilpädagogisches Lern- und Förderstudio,
Waldheidestr. 44,
32758 Detmold,
Tel.: 0 52 31 – 62 87 50.

Kindernetzwerk für kranke und behinderte
Kinder und Jugendliche,
Hanauer Str. 15,
63739 Aschaffenburg,
Tel.: 0 60 21 – 120 30.

Autismus-Institut,
Bebelallee 41,
22297 Hamburg,
Tel.: 0 40 – 5 11 68 25.

Forschungsinstitut für Kinderernährung,
Heinstück 11,
44225 Dortmund,
Tel.: 02 31 – 71 40 21.

Privates Institut für Schulberatung,
Albrechtstr. 10,
12165 Berlin,
Tel.: 0 30 – 79 70 31 31.

Arbeitskreis für Montessori-Pädagogik,
Hochwildpfad 8,
14169 Berlin,
Tel.: 0 30 – 3 42 27 05.

Gesellschaft für ganzheitliches Lernen e.V.,
Postfach 110320,
46262 Dorsten.

Lerntherapie, Christine Klüfers-Berger,
Waldweg 85,
22393 Hamburg,
Tel.: 0 40 – 6 00 78 61.

Verein für werdende und junge Eltern e.V.,
Ehrenfeldstr. 34,
44789 Bochum,
Tel.: 02 34 – 30 06 15.

Studienkreis – Lernen mit System,
Universitätsstr. 104,
44799 Bochum,
Tel.: 02 34 – 97 60 – 01.

Bundesverband zur Förderung
Lernbehinderter e.V.,
Rolandstr. 61,
50677 Köln,
Tel.: 02 21 – 38 06 66.

Institut für produktives Lernen
in Europa,
Karl-Schrader-Str. 6,
10781 Berlin,
Tel.: 0 30 – 21 79 20.

Fachverband Deutscher Sprachreise-
Veranstalter e.V.,
Große Bleiche 17,
55116 Mainz,
Tel.: 0 61 31 – 14 38 45.

Literatur

Arlt, Marianne: Pubertät ist, wenn die Eltern schwierig werden, Freiburg i.Br. 1992.

Bäuerle, Siegfried (Hrsg.): Der suchtgefährdete Schüler, Regensburg 1993.

Beck, Johannes: Der Bildungswahn, Reinbek 1994.

Bettelheim, Bruno: Liebe allein genügt nicht; Die Erziehung emotional gestörter Kinder, Stuttgart 1991.

Bildungskommission NRW: Zukunft der Bildung – Schule der Zukunft, Neuwied 1995.

Billhardt, Jutta: Hochbegabte; Die verkannte Minderheit, Würzburg 1996.

Brammen, Cornelia / Peter Struck: Für jedes Kind die richtige Schule, Berlin 1998.

Broos, Susanne (Hrsg.): Welche Schule für unser Kind? Reinbek 1997.

Brück, Horst: Die Angst des Lehrers vor seinem Schüler, Reinbek 1978.

Büttner, Christian: Mit aggressiven Kindern leben, Weinheim 1992[3].

Büttner, Christian / Eberhard W. Meyer (Hrsg.): Rambo im Klassenzimmer, Weinheim 1991.

Decker, Franz: Bildungsmanagement für eine neue Praxis; Lernprozesse erfolgreich gestalten, pädagogisch und betriebswirtschaftlich führen, budgetieren und finanzieren, München 1995.

Degener, Günther (Hrsg.): Sexuelle und körperliche Gewalt; Therapie jugendlicher und erwachsener Täter, Weinheim 1999.

Defersdorf, Roswitha: Drück mich mal ganz fest, Freiburg i.Br. 1991.

Dreikurs, Rudolf / Vicki Stoltz: Kinder fordern uns heraus, Stuttgart 1992.

Ekman, Paul: Warum Kinder lügen, Hamburg 1990.

Eschenauer, Barbara (Hrsg.): Medienpädagogik in den Lehrplänen, Gütersloh 1989.

Faulstich, Peter / Hannelore Faulstich-Wieland: Computer-Kultur; Erwartungen, Ängste, Handlungsspielräume, München 1988.

Faulstich-Wieland, Hannelore: Koedukation – Enttäuschte Hoffnungen? Darmstadt 1991.

Fend, Helmut: Theorie der Schule, München 1981[2].

Ferchhoff, Wilfried: Patchwork-Jugend, Opladen 1997.

Feger, Barbara / Tania M. Prado: Hochbegabung; Die normalste Sache der Welt, Darmstadt 1998.

Firnhaber, Mechthild: Legasthenie und andere Wahrnehmungsstörungen, Frankfurt/M. 1996[2].

Frech-Becker, Cornelia: Fördern heißt Fordern; Über die Verantwortung der Eltern für den Schulerfolg ihrer Kinder, Frankfurt a.M. 1995.

Fröhlich, Volker / Ralf Göppel: Sehen, Einfühlen, Verstehen; Psychoanalytisch orientierte Zugänge zu pädagogischen Handlungsfeldern, Würzburg 1992.

Gallwitz, Adolf / Norbert Zerr (Hrsg.): Horrorkids? Jugendkriminalität: Ursachen – Lösungsansätze, Hilden 2000.

Gardner, Howard: Der ungeschulte Kopf? Wie Kinder denken, Stuttgart 1993.

Giesecke, Hermann: Das Ende der Erziehung; Neue Chancen für Familie und Schule, Stuttgart 1985.

Goetze, Herbert (Hrsg.): Pädagogik bei Verhaltensstörungen – Innovationen, Bad Heilbrunn 1994.

Grabis, Bettina / Günter W. Kienitz: Der Internet-Guide für Schüler, Kempen 2000.

Grefe, Christiane: Ende der Spielzeit; Wie wir unsere Kinder verplanen, Berlin 1995.

Grell, Jochen: Techniken des Lehrerverhaltens, Weinheim 1989[12].

Grönwoldt, Peter: Schule paradox; Eine Anstiftung zur Professionalisierung des Unterrichts, Reinbek 1999.

Gronemeyer, Marianne: Lernen mit beschränkter Haftung; Über das Scheitern der Schule, Darmstadt 1996.

Guntern, Gottlieb (Hrsg.): Imagination und Kreativität; Playful Imagination, Zürich 1995.

Hallowell, Edward M. / John Ratey: Zwanghaft zerstreut; ADD – Die Unfähigkeit, aufmerksam zu sein, Reinbek 1998.

Harris, Judith R.: Ist Erziehung sinnlos? Die Ohnmacht der Eltern, Reinbek 2000.

Hartmann, Tom: Eine andere Art, die Welt zu sehen; Das Aufmerksamkeitsdefizitsyndrom, Lübeck 1997.

Hentig, Hartmut von: Die Schule neu denken; Eine Übung in praktischer Vernunft, München 1993.

Hentig, Hartmut von: Bildung; Ein Essay, München 1996.

Hüholdt, Jürgen: Wunderland des Lernens; Lernbiologie, Lernmethodik, Lerntechnik, Bochum 1993.

Hurrelmann, Klaus: Familienstreß, Schulstreß, Freizeitstreß; Gesundheitsförderung für Kinder und Jugendliche, Weinheim 1990.

Hurrelmann, Klaus / Heidrun Bründel: Gewalt macht Schule, München 1994.

Kagan, Jerome: Die drei Grundirrtümer der Psychologie, Weinheim 2000.

Kammerer, Dorothea: Aggression und Gewalt bei Jungen, München 1993.

Keller, Gustav: Wir entwickeln unsere Schule weiter, Donauwürth 1997.

Kohlberg, Lawrence: Zur kognitiven Entwicklung des Kindes, Frankfurt a.M. 1974.

Kraus, Josef: Spaß-Pädagogik; Sackgassen deutscher Schulpolitik, München 1998.

Liebertz, Charmaine: Das Schatzbuch ganzheitlichen Lernens, München und Dorsten 1999.

Link, Manfred: Schulversagen; Ursachen verstehen, gezielt helfen, Reinbek 1995.

MacCracken, Mary: Charlie, Eric und das ABC des Herzens; Außenseiter im Klassenzimmer, Frankfurt a.M. 1991.

Maier, Hans: Standort: Deutschland – Tatort: Gymnasium, Eresing 1996.

Mallet, Carl-Heinz: Untertan Kind, Frankfurt a.M. 1990.

Meißner, Monika / Ernst A. Stadter: Kinder lernen leben; Beziehungslernen in der Grundschule, München 1995.

Mönks, Franz J. / Irene H. Ypenburg: Unser Kind ist hochbegabt; Ein Leitfaden für Eltern und Lehrer, München 1993.

Morris, Desmond: Babywatching; Was dir den Baby sagen will, München 1991.

Mosler, Bernhard: Mehr Zukunftschancen? Wissen anders organisieren, Frankfurt a.M. 1995.

Müller, Richard G.E.: Ursachen und Behandlung von Lese-Rechtschreib-Schwächen, Berlin 1977[4].

Negroponte, Nicholas: Total digital; Die Welt zwischen 0 und 1 oder Die Zukunft der Kommunikation, München 1997.

Neill, Alexander S.: Theorie und Praxis der antiautoritären Erziehung; Das Beispiel Summerhill, Reinbek 1970[14].

Nelson, Jane: Kinder brauchen Ordnung, München 1992.

Neuhaus, Cordula: Das hyperaktive Kind, Ravensburg 1996.

Opaschowski, Horst W.: Feierabend? Von der Zukunft ohne Arbeit zur Arbeit mit Zukunft, Opladen 1998.

Opaschowski, Horst W.: Generation @; Die Medienrevolution entläßt ihre Kinder: Leben im Informationszeitalter, Hamburg 1999.

Opaschowski, Horst W.: X-trem; Der kalkulierte Wahnsinn; Extremsport als Zeitphänomen, Hamburg 2000.

Palla, Rudi: Die Kunst, Kinder zu kneten; Ein Rezeptbuch der Pädagogik, Frankfurt a.M. 1997.

Papert, Seymour: Revolution des Lernens; Kinder, Computer, Schule in einer digitalen Welt, Hannover 1996.

Perelman, Lewis J.: School's Out, New York 1993.

Phillipp, Elmar: Gute Schulen verwirklichen, Weinheim 1994[2].

Picht, Georg: Die deutsche Bildungskatastrophe, Olten und Freiburg i.Br. 1964.

Pöppel, Ernst: Lust und Schmerz; Über den Ursprung der Welt im Gehirn, München 1995.

Postman, Neil: Das Verschwinden der Kindheit, Frankfurt a.M. 1982[7].

Postman, Neil: Wir amüsieren uns zu Tode, Frankfurt a.M. 1985.

Postman, Neil: Keine Götter mehr; Das Ende der Erziehung, Berlin 1995.

Postman, Neil: Die zweite Aufklärung, Berlin 1999.

Pousset, Raimund: Schafft die Schulpflicht ab! Warum unser Schulsystem Bildung verhindert, Frankfurt a.M. 2000.

Prasuhn, Ursula: Schule braucht Eltern; Was wirklich faul ist an unseren Schulen, Aachen 1999.

Preuß, Eckhard: Leistungserziehung, Leistungsbeurteilung und Innere Differenzierung in der Grundschule, Bad Heilbrunn 1994.

Pütz, Günter u.a. (Hrsg.): An Wunder glauben...; Die Kunst der Psychomotorik, das »Unbegreifliche« erfahrbar zu machen, Dortmund 1998.

Reheis, Fritz: Die Kreativität der Langsamkeit; Neuer Wohlstand durch Entschleunigung, Darmstadt 1996.

Richter, Dieter: Das fremde Kind; Zur Entstehung der Kindheitsbilder des bürgerlichen Zeitalters, Frankfurt a.M. 1987.

Rogge, Jan-Uwe: Kinder brauchen Grenzen, Reinbek 1998.

Rolff, Hans-G.: Wandel durch Selbstorganisation; Theoretische Grundlagen und praktische Hinweise für eine bessere Schule, Weinheim 1993.

Roth, Heinrich: Der Wandel des Begabungsbegriffs, Stuttgart 1961.

Ruf-Bächtiger, Lislott: Das frühkindliche psychoorganische Syndrom, Stuttgart 1991.

Rutschky, Katharina: Erregte Aufklärung; Kindesmißbrauch, Hamburg 1992.

Sacher, Werner: Prüfen, Beurteilen, Benoten, Bad Heilbrunn 1994.

Scarbath, Horst: Träume vom guten Lehrer, Donauwörth 1992.

Schoenebeck, Hubertus von: Antipädagogik im Dialog, Weinheim 1992[3].

Schmidtbauer, Wolfgang: Die Angst vor Nähe, Reinbek 1985[3].

Schnack, Dieter / Rainer Neutzling: Kleine Helden in Not; Jungen auf der Suche nach Männlichkeit, Reinbek 1990.

Schönweiss, Friedrich: Bildung als Bedrohung? Grundlegung einer Sozialen Pädagogik, Opladen 1994.

Schubert, Bettina: Erziehung als Lebenshilfe; Individualpsychologie und Schule; Ein Modell, Frankfurt a.M. 1993.

Schwanitz, Dietrich: Bildung; Alles was man wissen muss, Frankfurt a. M. 2000.

Singer, Kurt: Die Würde des Schülers ist antastbar, Reinbek 1998.

Smolka, Dieter (Hrsg.): Motivation und Mitarbeiterführung in der Schule, Neuwied 2000.

Spranger, Eduard: Psychologie des Jugendalters, Heidelberg 1960[26].

Starck, Willy: Die Sitzenbleiberkatastrophe, Stuttgart 1974.

Struck, Peter: Projektunterricht, Stuttgart 1980.

Struck, Peter: Pädagogik des Klassenlehrers, Hamburg 1981.

Struck, Peter: Neue Lehrer braucht das Land; Ein Plädoyer für eine zeitgemäße Schule, Darmstadt 1994.

Struck, Peter: Schulreport; Zwischen Rotstift und Reform oder Brauchen wir eine andere Schule? Reinbek 1995.

Struck, Peter: Zuschlagen, Zerstören, Selbstzerstören; Kinder, Jugendliche und Gewalt, Darmstadt 1995.

Struck, Peter: Die Kunst der Erziehung; Ein Plädoyer für ein zeitgemäßes Zusammenleben mit Kindern und Jugendlichen, Darmstadt 1996.

Struck, Peter: Die Schule der Zukunft; Von der Belehrungsanstalt zur Lernwerkstatt, Darmstadt 1996.

Struck, Peter: Erziehung von gestern, Schüler von heute, Schule von morgen, München 1997.

Struck, Peter: Netzwerk Schule; Wie Kinder mit dem Computer das Lernen lernen, München 1998.

Struck, Peter: Erziehung für das Leben; Kinder für die Zukunft stark machen, München 2000.

Struck, Peter: Wie schütze ich mein Kind vor Gewalt in der Schule? Frankfurt a.M. 2001.

Struck, Peter / Ingo Würtl: Vom Pauker zum Coach; Die Lehrer der Zukunft, München 1999.

Tillmann, Klaus-J. (Hrsg.): Was ist eine gute Schule? Hamburg 1994[2].

Tulodziecki, Gerhard: Medienerziehung in Schule und Unterricht, Bad Heilbrunn 1991[2].

Ulrich, Klaus: Beruf Lehrer/in; Arbeitsbelastungen, Beziehungskonflikte, Zufriedenheit, Weinheim 1996.

Valtin, Renate (Hrsg.): Einführung in die Legasthenieforschung, Weinheim 1973.

Vogt, Gregor M. / Stephen T. Sirridge: Söhne ohne Väter, Vom Fehlen des männlichen Vorbilds, Frankfurt a.M. 1993.

Voß, Reinhard / Roswitha Wirtz: Keine Pillen für den Zappelphilipp; Alternativen im Umgang mit unruhigen Kindern, Reinbek 1991.

Wallrabenstein, Wulf: Offene Schule – Offener Unterricht, Reinbek 1991.

Webb, Colin / Wynne Rowe: Kinder entdecken den Computer, München 1996.

Weidner, Jens / Dieter Kreft (Hrsg.): Gewalt im Griff; Neue Formen des Anti-Aggressivitäts-Trainings, Weinheim 1997.

Wieck, Wilfried: Söhne wollen Väter, Wider die weibliche Umklammerung, Hamburg 1992.

Winn, Marie: Kinder ohne Kindheit, Reinbek 1992.

Wippermann, Peter / Trendbüro (Hrsg.): Duden; Wörterbuch der Szenesprachen, Mannheim 2000.

Zeltner, Eva: Generationen-Mix, Bern 1998.

Ziegenspeck, Jörg W.: Handbuch Zensur und Zeugnis in der Schule, Bad Heilbrunn 1999.

Zöller, Dietmar: Wenn ich mit euch reden könnte…; Ein autistischer Junge beschreibt sein Leben, München 1991.

Register